中华优秀传统文化系列读物

墨经趣谈

孙中原　著

创于1897　The Commercial Press

图书在版编目（CIP）数据

墨经趣谈 / 孙中原著. — 北京：商务印书馆，
2021
（中华优秀传统文化系列读物）
ISBN 978-7-100-19917-9

Ⅰ.①墨… Ⅱ.①孙… Ⅲ.①墨家②《墨子》－通俗
读物 Ⅳ.①B224-49

中国版本图书馆CIP数据核字（2021）第084425号

中华优秀传统文化系列读物
墨经趣谈
孙中原　著

商　务　印　书　馆　出　版
（北京王府井大街36号　邮政编码　100710）
商　务　印　书　馆　发　行
三河市尚艺印装有限公司印刷
ISBN 978－7－100－19917－9

2021年7月第1版　　　　开本 880×1230　1/32
2021年7月第1次印刷　　　印张 10　5/8

定价：58.00 元

创转创发相融通

——"中华优秀传统文化系列读物"丛书序

习近平总书记 2014 年 9 月 24 日在纪念孔子诞辰研讨会上讲话说，要"努力实现传统文化的创造性转化、创新性发展，使之与现实文化相融相通"。故本丛书取名"中华优秀传统文化系列读物"。以下简述本丛书著作的宗旨、缘起和内容。

一、宗旨

本丛书的宗旨，是弘扬中华优秀传统文化，阐发中华优秀传统文化"与现实文化相融相通"的意涵，推动中华优秀传统文化在新时代的"创造性转化、创新性发展"，为振兴中华，实现中华民族伟大复兴的中国梦，提供锐利的思想武器和强大的精神动力，致力于中华优秀传统文化的大众化，普及化，力求做到通俗易懂，有科学性、知识性和可读性，适合广大人民群众阅读。

二、缘起

本丛书著作，缘起于我跟商务印书馆多年良好的合作共事。经多年酝酿，编撰拙著《中国逻辑研究》，2006年由商务印书馆出版。2015年经全国哲学社会科学规划办公室组织专家评审，全国哲学社会科学规划领导小组批准，获2015年国家社科基金中华学术外译项目立项，译为英文，在国外刊行。合著《墨子今注今译》，2009年由商务印书馆出版，2012年第2次印刷。从2012年至今，我陆续跟商务印书馆签约，致力于本丛书的编撰。这是我1961到1964年奉调师从中国科学院哲学研究所汪奠基、沈有鼎教授，专攻古文献，历经数十年教学和研究积淀的成果。

三、内容

本丛书首批出版著作15种：

1.《五经趣谈》：趣谈《诗》《书》《礼》《易》与《春秋》的义理。

2.《二十四史趣谈》：趣谈二十四史的启示借鉴。

3.《诸子百家趣谈》：趣谈诸子百家人物、流派、典籍与学说。

4.《古文大家趣谈》：趣谈古文大家的文学精粹。

5.《墨学趣谈》：趣谈墨学的知识启迪。

6.《墨子趣谈》：趣谈墨家的智慧辩术。

7.《墨学与现实文化趣谈》：趣谈墨学与现代文化的关联。

8.《墨学与中国逻辑学趣谈》：趣谈墨学与中国逻辑学的前沿课题。

9.《中国逻辑学趣谈》：趣谈中国逻辑学的精华。

10.《诡辩与逻辑名篇趣谈》：趣谈先秦两汉的诡辩与逻辑名篇。

11.《诸子百家逻辑故事趣谈》：趣谈诸子百家经典的逻辑故事。

12.《中华先哲思维技艺趣谈》：趣谈中华先哲的思维表达技巧。

13.《东方逻辑趣谈》：日学者趣谈中印西方逻辑，著者授权译介。

14.《管子趣谈》：趣谈《管子》的治国理政智谋。

15.《墨经趣谈》：趣谈《墨经》的科学人文精神。

本丛书著作，由商务印书馆编审出版，谨致谢忱。不当之处请指正。

孙中原

2016 年 7 月 15 日

前　言

本书是《墨经》的大众化通俗普及读物，趣谈《墨经》的科学精神、《墨经》科学形成的机理，并在书后附《墨经读本》，用现代汉语解释《墨经》，对当今科学教育和科教兴国实践，有重要的启迪作用。

现代《墨经》研究的开拓者和领军人梁启超说："古书中最难读而**最有趣**者，莫如《墨子》之《经上》、《经下》、《经说上》、《经说下》、《大取》、《小取》六篇。"[①] 另一位开拓者和领军人胡适说："墨家名学（逻辑学）方法，不但可为论辩之用，实有**科学的精神**，可算得'科学的方法'。试看《墨辩》（指《墨经》）所记各种科学的议论，可以想见这种科学的方法应用。这是墨家名学的第二种贡

---

① 梁启超：《墨子学案》，商务印书馆 1921 年版，第 78 页。《墨子大全》第 26 册，北京图书馆出版社 2004 年版，第 86 页。引文中的黑体字为笔者所加。下同。

献。墨家论知识，注重经验，注重推论，看《墨辩》中论光学和力学的诸条，可见墨家学者真能作许多实地试验，这是真正**科学的精神**，是墨学的第三种贡献。"①

《墨经》是天下第一奇书。胡适说："《墨子》的《经》上下、《经说》上下、《大取》、《小取》六篇，从鲁胜以后，几乎无人研究。""到了今日，这几篇二千年没人过问的书，竟成了中国古代的第一部奇书了！"②

《墨经》简练堪称奇，简而又简如淘洗。《老子》五千言，细说道家哲理。《墨经》八千字，巧论科学逻辑。《经上》是科学定义、划分和简单命题，《经下》是科学定理的简单论证。

·2·

《墨经》共 183 条，囊括各门科学知识，总字数8420。《经上》百条，只有 524 字，平均 5 个字一条。条目最短 3 字，如第 8 条说："义，利也。""义"（道义）就是给人以实际利益。条目最长 11 字，第 93 条说："执所言而意得见，心之辩也。"根据所听到的言辞，把握对方说话的意思，这是理性认识的辨别分析作用。《墨经》字数统计见《墨经》字数表。

---

① 胡适：《中国哲学史大纲》，商务印书馆 1919 年版，第 226 页。
② 胡适：《中国哲学史大纲》，商务印书馆 1919 年版，第 31 页。

《墨经》字数表

	含标点	不含标点
《经上》	751	524
《经说上》	1897	1421
《经下》	1108	859
《经说下》	3822	2935
《大取》	2169	1780
《小取》	1130	901
合计	10877	8420

逻辑科学堪称奇，漫长古代无匹敌。人常说中国传统文化长于政治伦理，短于科学逻辑。《墨经》特长恰在于科学逻辑。《经上》100个条目，78条用定义方法，11条用分类方法，或用定义分类结合法，规定古代逻辑学和科学范畴。另有11个条目，用这些范畴，表达古代逻辑学和科学命题。《经下》83条，是各门科学命题的论证。英国科学家李约瑟指出，前期墨家注重伦理和社会生活，后期墨家注重逻辑与科学。①

《墨经》用精练语言，概括哲学社会科学和自然科学各科知识，俨然一部微型百科全书。把《墨经》183条纳入现代科学知识分类系统，便可见《墨经》科学的深湛义

① 参见〔英〕李约瑟：《中国古代科学思想史》，江西人民出版社1990年版，第201页。

理和崇高价值，是中华优秀传统文化精粹、国学瑰宝，亟需发扬光大、创转创发，使之质变为振兴中华、实现中华民族伟大复兴的锐利思想武器和强大精神动力。

本书于 2016 年 7 月交稿，经商务印书馆诸编辑的打磨润色，终于与广大读者见面，谨向诸编辑致以由衷的谢意。读者如欲在本书的基础上扩展阅读，可参考拙著《墨子解读》（中国人民大学国学院教材，中国人民大学出版社 2013 年版）。

孙中原

2021 年 5 月 29 日于世纪城寓所

目　录

第一讲
墨经科学三原则，客观有效合理性

第一节
工匠技巧理论化，墨经科学酝酿成

试问《墨经》科学哪里来？回答是："工匠技巧理论化，墨经科学酝酿成。"本节揭示本讲题目"墨经科学三原则，客观有效合理性"中的**"合理性"**：合乎理性认识，运用理论思维。英国科学家李约瑟说："墨家绝不猜疑人类理性，并且明白订定很可能成为亚洲的自然科学之主要基本概念。"①

———————————

① 〔英〕李约瑟：《中国古代科学思想史》，江西人民出版社1990年版，第231页。

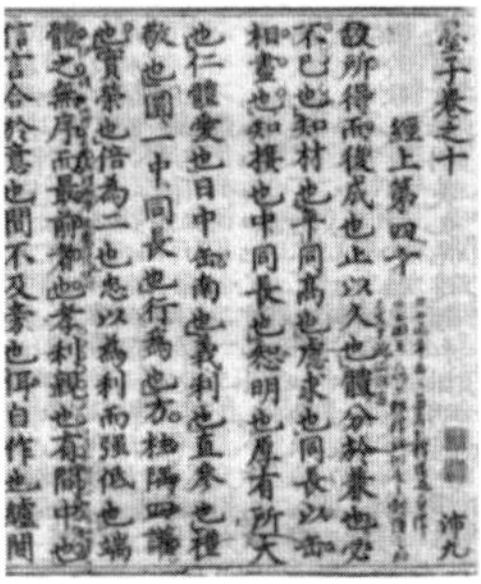

墨子卷之十

經上第四十

故所得而後成也止以久也體分於兼也必
不已也知材也平同高也慮求也同長以正
相盡也知接也中同長也恕明也厚有所大
也仁體愛也日中正南也義利也直參也禮
敬也圜一中同長也行為也方柱隅四讙
也實榮也倍為二也忠以為利而強低也端
體之無序而最前者也孝利親也有閒中也
信言合於意也閒不及旁也佴自作也纑閒

图 1　明道藏本《墨经》书影

《墨经》的作者是一群杰出的科学哲学家、思辨理论家，他们面对手工业匠师的技巧、经验和实践，运用理性思维、理论思辨，将之提升为各门科学概念、命题和论证体系，于是《墨经》科学就应运而生，酝酿成功。

《经上》说："巧传则求其故。"道出至关重要的科学哲学原理，揭示出《墨经》科学的形成机制和理论奥秘。"巧传"：世代相传的手工业技巧、经验和实践。"求"：探索、思考和研究。《孟子·告子上》："求则得之。"屈原《离骚》："路漫漫其修远兮，吾将上下而求索。"毛泽东解释"实事求是"的含义："'实事'就是客观存在着的一切事物，'是'就是客观事物的内部联系，即规律性，'求'就是我们去研究。"

"巧传则求其故"的确切含义是：对世代相传的各种手工业技巧，要问一个"为什么"，揭示其原因、本质和规律，从手工业技术、经验和实践，上升到科学理论。如《墨经》总结桔槔机所利用的杠杆原理，《经下》说："负而不翘，说在胜。"《经说下》说："横木加重焉而不翘，极胜重也。右校交绳，无加焉而翘，极不胜重也。"指出桔槔机负重后，另一端不翘起来的原因，是由于该端的力量超过负重端的力量，力臂胜于重臂。

春秋战国期间，人们发现用桔槔机提水浇田，可大大提高劳动效率。受道家思想支配的一位老者，宁肯用"凿隧而入井，抱瓮而出灌"的笨办法，"用力甚多而见功寡"，而不肯用"用力甚寡而见功多"的桔槔机，即使生产效率提高百倍也不屑一顾，弃之不用。其标榜的理由，是道家哲学的惯用语："有机械者，必有机事。有机事者，必有机心。"所以他"羞而不为"。（《庄子·天地》）道家经典《老子》的教训是："绝圣弃智。""绝巧弃利。""民多利器，国家滋昏。人多技巧，奇物滋起。"（《老子》19、20、57章）这种思想极不利于中国科学技术的发展。而墨家一直提倡广为应用桔槔机等器械于生产和军事，并从中总结科学理论，代表了中国古代科学发展的正确方向。

墨家熟悉当时的各种手工业技巧。《韩非子·外储说左上》说"墨子为木鸢（木鹰）"，弟子夸奖他："先生至巧，至能使木鸢飞！"惠施说："墨子大巧，巧为輗（大车上的一种关键设备）。"墨子的木工技巧，与古代名匠公输般（即鲁班）不相上下。墨子曾就技术的服务方向和价值观发表意见说："故所谓功（手工技术的功效），利于人谓之巧，不利于人谓之拙。"即手工技艺的功效，必须以是否对人民有利为原则。

墨子熟悉木工技巧，连类而及熟悉其他手工技艺。《墨子》谈到"凡天下群百工：轮车（车工）、鞼鞄（鞣革工）、陶冶（制陶冶金工）、梓匠（木工）"，以及"穴师"（洞穴坑道工）、"明习橐事者"（鼓风工）等，谈到了各种军用、民用机械、器物的制造和应用。

墨子认为手工业技艺的目的、方向和价值标准，是利于人民的生产和生活。《墨经》继承和发扬了墨子的这种技术目的论和价值观。《墨经》谈论哲学、逻辑学和自然科学知识，用来作为实例、实证材料的手工业工种，有"为衣"（缝纫）、"举针"（刺绣）、"鞶屦"（制鞋）、"铄金"（冶金）、"为甲"（制铠甲）、"垒石"（建筑）、"车梯"（木工）等。

《墨经》中的数学、力学、光学等科学知识，是当时各种手工业技巧的升华和总结。"巧传则求其故"，道出《墨经》建构科学，形成理论的过程、方法和机理，是《墨经》科学精神的表现，说明《墨经》作者有高度自觉的理论意识。

杜石然等编著的《中国科学技术史稿》正确地指出："由于他们（指墨家）大多亲自参加手工业生产，广泛地接触生产实践中遇到的各种问题，并且善于总结，勇于创造，从而在实践中提炼出不少科学知识，在我国科学史上写下了光辉的一页。"[①]

《墨经》的科学精神，与中国传统文化重政治伦理实践，轻自然科学技术理论的主流意识大相径庭，而与古希腊哲学家重视探索自然奥秘的科学精神酷似。古希腊自然哲学家德谟克利特，率先表达贯穿于西方文明的科学精神。他说："宁愿找到一个因果的说明，而不愿获得波斯的王位。"[②]德谟克利特写过关于天体、大地、声音、植物、动物等原因的著作。而古希腊哲学家亚里士多德说："技术家较之经验家更聪明；前者知其原因，后者则不知。凭经验的，知事物之所然而不知其所以然，技术家则兼知其所以然之故。""大匠师应更受尊敬，他们比之一般工匠知道得更深切，也更聪明"，"我们说他们较聪明，并不是因为他们敏于动作而是因为他们具有理论，懂得原因。""而

---

① 杜石然等编著：《中国科学技术史稿》，科学出版社 1982 年版，第 117 页。

② 北京大学哲学系外国哲学史教研室编译：《古希腊罗马哲学》，商务印书馆 1961 年版，第 103 页。汪子嵩等：《希腊哲学史》，人民出版社 1997 年版，第 1062 页。

理论部门的知识比之生产部门更应是较高的智慧。"①

与此相似，墨家重视探求事物的所以然之故。《小取》说："其然也，有所以然也；其然也同，其所以然不必同。""故言多方、殊类、异故，则不可偏观也。"《墨经》第1条即规定"故"的概念，区分"有之不必然，无之必不然"的"小故"（必要条件，部分原因）和"有之必然，无之必不然"的"大故"（充分必要条件的原因）。《经下》《经说下》83条，都是用"以说出故"的形式，揭示一现象的原因，或一科学命题、定律成立的论据。如"影之大小，说在斜正远近"，"堆之必拄，说在置材"，"五行无常胜，说在多"等，以浓缩的论证形式，表达中国古代科学原理。《墨经》"巧传则求其故"的理论意识，与古希腊自然哲学家的科学精神有一致性和共同性。

《墨经》崇尚理性，重视知识。墨子的认识论偏向经验论。由于墨子是杰出的学者、教育家和科学家，曾提出有深刻理性论意义的认识原则和方法，如"察类""知类""辩故""明故""以往知来，以见知隐"等。《墨经》继承了墨子认识论的理性论因素，建立起感性和理性、经验与理论并重的认识论，表现出崇尚理论、理智和知识的

———————

① 〔古希腊〕亚里士多德：《形而上学》，吴寿彭译，商务印书馆1959年版，第2、3页。

理性论特质。

《墨经》揭示了理性认识的本质特征。《经上》说："恕，明也。"《经说上》说："恕也者，以其知论物，而其知之也著，若明。"即理性认识比感性认识具有更为明确、深刻的特征，是运用认识能力对事物进行分析整理，加以理论化而获得。

《墨经》为了突出理性认识与感性认识的本质不同，特地创造了一个新字"恕"以表征理性认识的特质。恕这一个表征理性认识特质的新字，意味着理性认识需要通过心智把握，不同于感性认识通过"五路"（五种感官）把握。《经下》说："知而不以五路，说在久。"即时间范畴的知识，是属于理性认识，不属于感性认识。《经上》说："久，弥异时也。"《经说上》说："久：古今旦暮。"时间范畴是心智对古今旦暮等各种不同具体时间形式的抽象概括。《墨经》揭示的时间、空间与物体运动的必然联系，时间、空间的有穷性、无穷性以及与物质的关系等规律性知识，是通过心智思虑获得的理性认识。《墨经》科学的合理性精华，亟需施加"创造性转化，创新性发展"的崭新研究，以酿造出合乎新时代要求的学术新品。

第二节
摹略万物求实证，墨经科学有准绳

试问《墨经》科学的标准是什么？回答是："摹略万物求实证，墨经科学有准绳。"本节揭示本讲题目"墨经科学三原则，客观有效合理性"中的**"客观性"**：合乎客观实际，从实际出发，实事求是，求真务实。

所谓"摹略万物之然"，即认识事物的本来面目和所以然规律。这是《小取》对人类认知活动的目的和宗旨的最高概括，是《墨经》认识论的纲领，表现了科学家讲求实证原则的科学精神，与从实际出发、实事求是、求真务实的科学态度本质一致。人类认知真正做到"摹略万物之然"和所以然，就能保证科学知识的客观性标准。

"实证"即实际证明。科学家坚持实证原则，要求在思考研究中，从客观存在的事实出发，如实认识事物的本来面目，不附加任何外来成分，不掺杂主观和神秘的因素。"摹"即摹拟、摹写、反映。"略"即约要、求取、概括。"万物之然"即事物的本来面目。"然"在古汉语中用作指示代词。

杨树达《词诠》释"然"的义项之一是："指示代名词，如此也。"①《辞海》释"然"的义项之一是："如

---

① 杨树达：《词诠》，中华书局 1954 年版，第 254 页。

是；这样。如：所以然。""万物之然"包含"所以然"。《小取》说："其然也，有所以然也。""然"，指事物的现象、现状、结果。"所以然"指事物的本质、原因、规律。

《经下》109条说："物之所以然，与所以知之，与所以使人知之，不必同，说在病。"《经说下》说："或伤之，［所以］然也。见之，［所以］知也。告之，［所以］使［人］知也。"万物之"然"和"所以然"，即结果和原因是认知对象。"物之所以然"在《经说下》被简化为"然"。"所以知之"是认识的途径、方式、方法。"见"即观察，是一种认识的途径、方式、方法。"所以使人知之"，是思想交流、语言交际的媒介、手段。"告"即告诉，是一种交流、交际的媒介、手段。

《墨经》第1条概括"故"（原因）范畴，说"故"（原因）范畴的定义是"所得而后成"，即得到原因，必然成就结果。《墨经》表达事物因果规律的公式是"有之必然"。"之""然"分别代表有因果关系的前后两个事件，相当于充分条件假言命题的前后件。《墨经》"有之必然"的公式，相当于西方逻辑公式"$P \rightarrow Q$"（读为：如果P则Q）。《墨经》举例是"若尺有端"，即有线段存在，必然有点存在。见表1因果律公式。

表1　因果律公式

《墨经》因果律公式	有之	必	然
西方逻辑公式	P	→	Q
读作	如果P	那么	Q
解释	有P	一定	有Q
《墨经》举例	有线段（尺）	一定	有点（端）

《墨经》要求全面认识事物的"然"和"所以然"。知事物之"然"，即确认事实如何，用实然命题形式"P"表达。知事物之"所以然"，即确认原因、本质和规律如何，用必然命题形式"必然P"表达。把"然"和"所以然"，即前件和后件，用语言表达出来，就构成标志事物因果律的命题。如《墨经》举例说："有雨必然使地湿"（"湿，故也，必待所为之成也"）、"受伤必然致病"（"伤之，所以然也"）等。

《墨经》"摹略万物之然"的实证原则，继承了墨子认识论中的经验论因素，摈弃了墨子"天志"的迷信成分，是墨家学说历经两个多世纪百家争鸣的磨炼、碰撞、刺激，而激起的质变，是墨家学派内外訾应辩论、切磋琢磨的宝贵成果，是墨家思想从有神到无神、从迷信到科学的伟大转变，是中国逻辑史、哲学史、思想史、文化史上的重大事实。实事求是地总结这一转变过程和规律，以科学精神教育启迪后人，促进中华民族科学素质的提高，具有重要的现实意义。

墨子提出了"立言三法"，即论证论点的三个标准：（1）"上本之于古者圣王之事"：根据历史事实。（2）"下原察百姓耳目之实"：根据人民群众的现实经验。（3）"发以为刑政，观其中国家百姓人民之利"：理论在应用中符合人民利益的程度。（《非命上》）三表法的实质，是讲求实证。

墨子认为察实取实，重于命名称名。墨子批评"天下之诸侯""有誉义之名，而不察其实也，此譬犹盲者之与人，同命白黑之名，而不能分其物也"（《非攻下》），认为"瞽不知白黑者，非以其名也，以其取也"，"天下之君子不知仁者，非以其名也，以其取也"。（《贵义》）墨子的经验论原则是"必以众之耳目之实，知有与无为仪者也"（《明鬼下》）。

墨子的认识论有经验论的弊端。墨子因袭殷周以来传统迷信观念，用工匠工具意识，把这种传统迷信观念加以改造重铸，使之成为推行墨家政治伦理思想（兼爱等）的实用工具。墨子说："我有天志，譬若轮人之有规，匠人之有矩。"（《天志上》）墨子的思想有可以理解的积极一面，如提倡"兼相爱，交相利"的人文精神；也有软弱消极的一面，如认为"天有意志""鬼神能赏善罚暴"的迷信观念；对墨子的思想应进行具体分析。

在科学和迷信问题上，墨子的思想是复杂的。从整体来看，在墨子思想中，科学和迷信混杂交错，游移不定。墨子在论证其"兼爱""非攻"等十大论题时，援引"天志"迷信观念，作为其论证薄弱性的补充。当墨子的"天志"迷信观念与实际生活发生矛盾时，他又毫不犹豫地服从"摹略万物之然"的实证原则。

有一次，墨子病了，学生跌鼻推门进来问墨子说："您是圣人，怎会生病？"墨子答道："人之所得病者多方，有得之寒暑，有得之劳苦。"（《公孟》）"寒暑"和"劳苦"是自然现象。从自然界探求得病原因，是遵循"摹略万物之然"的实证原则。

又有一次，墨子从鲁国出发，到齐国游说，路遇占卜先生说："今天上帝在北方杀黑龙，您长得黑，到北方去不吉利。"墨子不听，毅然走到北方，遇到淄水暴涨，不能涉河而返，占卜先生得意忘形地说："我告诉你不能去北方，果然如此！"墨子用逻辑学的归谬法反驳占卜先生，指出他的迷信谬论不符合客观事实，是用连他本人都不信的鬼话骗人。（《贵义》）这是任何一位科学家在实际生活中都会毫不犹豫坚持的实证原则。

《墨经》的全部科学知识是坚持实证原则的典范。《经上》和《经说上》用 100 个条目，解释各门科学的概念、范畴和简单命题，据事实实例立说。第1条解释"故"（原因）范畴，区分必要条件和充分必要条件等，以数学上的点、线关系和生理、物理学上的"见之成见"为例。第2条解释"体"和"兼"（部分和整体）的范畴，以数学上的2和1、尺（线段）和端（点）为例。第3至6条解释认识能力、活动和过程，以"明""睨""见"等眼睛视物的认识现象为喻。第51条解释静止的物理学范畴，以"矢过楹"（飞行的箭穿越一根柱子）、"人过梁"（人走过一座桥梁）为例。第71条解释法则的范畴，以几何学上的制圆作图为例。第75条解释"辩"的范畴，以"或谓之牛，谓之非牛"的辩论为例。第79条解释"名"的分类，以"物""马""臧"三概念为例。第89条解释"同异交得"的辩证法，更据"中央，旁也"（中央又可作旁边）等十多个实例立说。

《经下》和《经说下》还论证了83条各门科学的复杂命题和定律，如从"影不徙，说在改为"到"鉴团影一"等论几何光学的8条，以及论杠杆、滑轮、斜面原理的各条，无不用实证方法，从观察实验中选取事实例证。《墨经》的全部科学知识都贯穿重事实、重归纳的实证原则和科学精神。

狭义《墨经》总结科学知识，一依实证原则为归，绝无一条引用和遵循墨子的"天志"鬼神迷信观念。学生彻底摒弃老师思想中的消极因素，这是墨学发展史、中国思想发展史中确凿无疑的铁的事实。科学和迷信的界限不容混淆，是非黑白的区分不容颠倒。

《小取》说："效者，为之法也。所效者，所以为之法也。故中效则是也，不中效则非也。"这些话被严肃的墨学研究者称为"纯逻辑"的语言，丝毫没有墨子"天志"迷信观念的印痕。现代著名逻辑学家沈有鼎，解释"效"这一论证方式"意味着演绎推论"[1]。现代著名数理逻辑学家莫绍揆，解释《小取》的"效法"，是建立和代入公式的方法，"是科学尤其数学上一贯大量使用的方法"[2]。沈有鼎、莫绍揆的科学解释，准确精到。《小取》的"效"，是逻辑科学知识，与墨子"天志"迷信观念毫无关联。

正确运用历史分析方法，揭示墨家学说在战国时期250年间从有神到无神、从迷信到科学的质变，划分科学与迷信、真理与谬误、精华与糟粕、是和非的界限，取其精华，古为今用，是逻辑史、哲学史、思想史、文化史研究者的神圣职责。把《墨经》的科学精神曲解为墨子的"天志"迷信观念，与正确的历史分析方法毫无共同之处，

---

[1] 《沈有鼎文集》，人民出版社1992年版，第343页。

[2] 莫绍揆：《数理逻辑初步》，上海人民出版社1980年版，第166、167页。

无丝毫科学性可言。

墨家的系统"辩"学,是中国古代逻辑学的高峰。狭义《墨经》4篇阐述的中国古代逻辑学原理,与墨子"天志"迷信观念了不相涉。狭义《墨经》4篇,无一字句谈神论鬼,《墨经》所总结的世界观、认识论、方法论、逻辑学和各门自然科学知识,与鬼神绝缘。《墨经》的科学和逻辑学,是国之瑰宝,是值得弘扬的中华民族优秀遗产。

第三节
循法而为求实效,墨经科学有纲领

试问《墨经》怎样定义"法则"概念?回答是:"依法办事求实效,墨经科学有纲领。"本节揭示本讲题目"墨经科学三原则,客观有效合理性"中的**"有效性"**:指科学理论有效,能在实践中产生预期效果,通过实践证明思维和存在、理论和实际一致。

《经上》说:"法,所若而然也。"即法则是遵循着它,能够达到预期的结果。这是把人自觉实践的环节纳入"法则"范畴的定义,并以遵循着它行动,能够达到预期的结果,作为人对法则(规律)认识真理性的检验。

《经说上》说:"意、规、圆三也,俱可以为法。"

"意"：判断，定义，指作圆的指导思想，即"圆"的定义"一中同长"（一个中心，等长半径）。"规"：作圆的工具圆规。"圆"：指被用来作为制圆参照的标准圆形。这三者都可作为制圆的法则和方法。"若"：遵循，指自觉实践。《经说上》定义："志行，为也。"有意识的行动，叫自觉的实践。《经说上》解释"合"（符合）中的"正合"概念："矢至侯中，志功正也。"即射箭时，意志、动机是射中靶心，结果恰恰射中，这叫动机和效果正好一致。这是人对射箭法则正确认识和熟练运用的结果。

方法是认识和改造世界的方向、途径、手段、工具与程序的选择系统，是方向、途径、手段、工具和程序的统称。方法意识的要点是：（1）明确方向：做什么，解决什么问题，准确选择满足需要的对象。（2）明确怎么做：选择正确的途径，采取恰当的手段，运用合适的工具，遵照合理的程序。

"方法"一词希腊文原意是"沿着道路"。《墨经》中定义为"所若而然"，即遵循法则，达到预期结果。中外"方法"一词含义相通，学理一致。《经上》说："循，所然也。"《经说上》说："然也者，民若法也。"《墨经》中"道""理""方""法""效"几个词可以互训互释。

《大取》以"道"比喻解释"理"。《大取》说"立辞三物"（建立论点的三范畴）是"故、理、类"。《小取》

说"言多方、殊类、异故","方"即"理"。又说:"效者,为之法也。所效者,所以为之法也。故中效则是也,不中效则非也。此效也。"这是指逻辑工作者的任务,是从当时的百家争鸣辩论和思维认识活动中概括出一系列方法、法则,以供效法、模仿、参照。"效"与"法"相关,是后世"效法"连用的肇始。

方法是探索万物奥秘、获取科学知识、揭示客观真理的工具,是认识主体的主观性手段,但它不是人们主观随意自生的。正确的方法来源于实践中对世界的正确反映,通过反复的实践、认识和思考,才能发现和总结符合客观规律的有效方法。

运用反映客观规律的观点来认识和处理问题,观点就转化为方法。有效的方法符合对象的客观实际和固有性质,在实践中能够产生预期的结果、效果和目的。方法是把"自在存在"转变为"自为存在",把"非我之物"转变为"为我之物",把"非人工自然"转变为"人工自然",是创造灿烂物质文明和精神文明的中介与桥梁。"所若而然"的方法论思想是《墨经》科学知识的灵魂和科学精神的重要表现,是现代人极其有用的宝贵知识遗产。

循法遵理,理论在实践中达到预期结果,这是《墨经》方法思想的哲学意蕴。《经说上》第97条说:"法取同,观巧传。"概括共同法则的事例,可从代代相传的各类手工业技巧、技术中观察到。

墨子从自身熟悉的各类手工业技巧、技术中，领悟到法则的概念。《法仪》说："虽至百工从事者，亦皆有法。百工为方以矩，为圆以规，直以绳，正以悬，平以水。无巧工不巧工，皆以此五者为法。巧者能中之，不巧者虽不能中，放依以从事，犹逾己。故百工从事，皆有法所度。"

"法"：标准、方法、法则、规律。墨子率先使用"法则""方法"等语词。墨子解释《诗·大雅》"顺帝之则"的"则"为"法则"。《天志中》说："匠人亦操其矩，将以量度天下之方与不方也，曰：中吾规者，谓之方；不中吾矩者，谓之不方。是以方与不方，皆可得而知之。此其故何？则方法明也。""方法"最初含义是"为方之法"。技巧、技术和法则的范畴，是自觉方法论思想的实践来源和资料前提。

第二讲
数学学科到光学，自然科学攀高峰

第一节
方圆平直工匠技，数学概念思辨精

狭义《墨经》四篇元典，是墨学发展的最高阶段，采用定义、划分、命题和论证形式，荟萃当时总结的各类科学知识，包括自然科学和人文社会科学，是古代朴素科学知识的综合，古代微型的百科全书。当然，狭义《墨经》四篇尚无明晰的学术分科概念，只是把当时所有概括的科学知识笼统归总为"知"：知识、智慧。严格的学术分科概念，是现代科学高度发展的产物和进步标志。用现代学科类名创造性解读和创新性诠释《墨经》，体现科学研究的新进展，把墨学朴素综合性的知识形态，改造转型为现代学术分科的知识精品，除旧布新，推陈出新，革故鼎新，完成研究范式的新旧转型、古今更迭，把《墨经》知识从学者的书斋和课堂里解放出来，适应今日广大人民群众迫切的知识追求，创造性转化、创新性发展为今人喜闻乐见、易懂能用的科学知识，构成现代新文化的必要成分，使之成为实现振兴中华，促进中华民族伟大复兴的锐利精神武器和强大精神力量。这也是对习近平2013年9月24日在纪念孔子诞辰国际学术研讨会上提出的"努力实现传统文化的创造性转化、创新性发展，使之与现实文化相融相通"的实践。

本书列《墨经》学科门类：（1）自然科学：数学、物理学、力学、简单机械学、光学；（2）人文科学：逻辑学、哲学、人文学。以上共列8个学科门类。

杜石然等编著《中国科学技术史稿》说："墨家在自然科学方面的成就，突出地表现在光学、力学、数学等方面。"[1]数学是研究数量和空间关系的学科。《墨经》中的数学概念方圆平直，点线面体（端尺区厚），相交、相切、相离等，跟古希腊欧几里得《几何原本》的概念相融相通，在世界数学史上有一定地位。

《墨经》作者作为手工匠师的理论家，在匠师丰富生

---

① 杜石然等编著：《中国科学技术史稿》，科学出版社1982年版，第117页。

产实践经验的基础上，运用抽象思维进行理论总结。《法仪》说："虽至百工从事者，亦皆有法。百工为方以矩，为圆以规，直以绳，正以悬，平以水。无巧工不巧工，皆以此五者为法。巧者能中之，不巧者虽不能中，放依以从事，犹逾己。故百工从事，皆有法所度。"《墨经》的科学内容是"百工"之"法"（法则、规律）的概括。劳动者的生产实践是科学发展的根本动力和最终源泉。正如恩格斯所说："科学的发生和发展从开始起便是由生产所决定的。"[①]

一、《墨经》数学一说"方"

"方"：指方形，方体，四角是直角的平面四边形。狭义指正方形，广义指矩形，特指方体。《经上》说："方，柱隅四权也。"《经说上》说："方。矩写交也。"正方形的定义是：四边四角相等的平面图形。"方"的作图法：用矩尺画出四边相等，四角为直角的平面相交封闭图形。"柱"：方形的边。"隅"：方形的角。"权"：相等。"矩"：工匠画方的工具矩尺。《法仪》说："为方以矩。"

《经下》说："合与一或复否，说在矩。"比较两个几何图形是否相合相等，可将它们跟一个共同标准相比较，

---

① 〔德〕恩格斯：《自然辩证法》，人民出版社1955年版，第149页。

看它们是否能与这个标准相叠合；如用矩尺来比较方形是否相等。"合"：指几何图形的相合相等。"一"：指用来比较几何图形是否相合相等的共同标准。"复否"：相合与不相合。"复"：重合，叠合。

《经下》说："一法者之相与也尽类，若方之相合也，说在方。"《经说下》："方尽类，俱有法而异，或木或石，不害其方之相合也。尽类犹方也，物俱然。"跟一个共同标准相合的东西，都属于一类，这就像与标准方形相合的东西都属于方形一样。论证的事例在于分析方形的相同和不同。所有方形的东西都属于一类，它们都合乎方形的法则，而又有所不同，或者是木质的方，或者是石质的方，都不妨害其方形边角的相合。一切同类的事物都与方形的道理一样，所有的事物都是如此。

墨家作为工匠理论家，从代代技巧相传，亿万次制作方形的操作经验，升华出"方法""法则"的哲学概念。《法仪》说："天下从事者，不可以无法仪。无法仪而其事能成者，无有也。虽至士之为将相者，皆有法。虽至百工从事者，亦皆有法。百工为方以矩，为圆以规，直以绳，正以悬，平以水。无巧工不巧工，皆以此五者为法。巧者能中之，不巧者虽不能中，放依以从事，犹逾己。故百工从事，皆有法所度。今大者治天下，其次治大国，而无法所度，此不若百工辩也。"《天志上》说："轮匠执其规矩，以度天下之方圆。"《天志下》说："今轮人以规，匠人以矩，以此知方圆之别矣。"

二、《墨经》数学二说"圆"

"圆"指圆形。《墨经》说"圆"，一说"圆"的定义。《经上》说："圆，一中同长也。"《经说上》说："圆：规写交也。"圆是一个中心，且半径等长的平面图形。圆的作图法：用圆规画出封闭图形。"规"：画圆工具。"写"：画，用圆规一脚抵住中心，用另外一脚画出圆周的轨迹。《大取》说："小圆之圆与大圆之圆同。"小圆的圆和大圆的圆，本质都是圆。

二说"圆"定义的预备知识。《经上》说："同长，以正相尽也。"《经说上》说："同。楗与框之同长也。"说两个物体"同长"（同样长度），是拿第三个东西作标准，来跟这两个物体作比较，而这两个物体与第三个作为标准的东西完全重合。如门楗与门框的同长。"正"：标准。《大取》："权，正也。""尽"：完全重合。"楗"：挡门的直木。"框"：门两旁柱，门框。《经上》说："中，同长也。"《经说上》说："中。心，自是往相若也。"圆的中心到圆周上的任一点的距离都是同样长度，圆的半径都是相等的。"中"：指圆心。"同长"：指圆心到圆周的距离即半径相同。"心"：指圆心。"自是往"：指从圆心到圆周的距离。"相若"：相等。

《墨经》以画圆形为例，说明法则（规律）的概念。《经上》说："法，所若而然也。"《经说上》说："意、规、圆三也，俱可以为法。"法则（规律）是人们遵循着它，而能得到确定结果的东西。如人按照圆的定义，使用圆规，或者拿一个标准的圆模仿，都可以作为画圆的法则。《法仪》说："为圆以规。"《天志上》说："譬若轮人之有规，匠人之有矩，轮匠执其规矩，以度天下之方圆。"《天志中》说："今夫轮人操其规，将以量度天下之圆与不圆也，曰：中吾规者谓之圆，不中吾规者谓之不圆。是以圆与不圆，皆可得而知也。此其故何？则圆法明也。"《天志下》："今轮人以规，匠人以矩，以此知方圆之别矣。"

无圆能通过同在一直线上的三点。《经上》说："正无非。"《经说上》说："五诺，皆人于知。有说，过五诺，若'圆无直'，无说，用五诺，若自然矣。"正确的科学理论应该排除其中错误的成分。讨论讲授科学问题时，经过五种问答方式，人人对论题都已经知晓了。假如论题还需要证明，那么可以一一经过五种问答方式，如对"一圆周上任何三点都不在一直线上"这一定理的证明，就是这样。假如论题不需要证明，那么用五种问答方式中的一部分，特别是后两种（是、可），论题就好像是自明一样。

"圆无直"的字面意思，是"圆周上没有直线"，即"一圆周上任何三点都不在一条直线上"。相当于平面几何定理"一直线与一圆的公共点不能多于两个"，或推论"无圆能通过同在一直线上的三点"。《经上》："直，参也。"直线定义，意为"三点中有一点，恰好介于其余两点之间"，《墨经》把这一点看作直线的一个基本性质。"参"是"介于其间"的意思。这跟希尔伯特几何学基础公理体系中顺序公理的某些内容相似。

三、《墨经》数学三说"平"

"平"：水平，等高，平行，齐等。《经上》说："平，同高也。""平"是指不同个体，有同样高度。《法仪》说："平以水。"测定水平用水平仪。

四、《墨经》数学四说"直"

"直"：直线。《经上》："直，参也。"直线是三点中有一点恰好介于另两点之间。"参"：参与，加入，介于其间。《广雅·释言》："参，三也。"直线定义，意谓三点在一直线上，等于说三点中有一点恰好介于其余两点之间。德国数学家希尔伯特公理体系中的顺序公理：公理一：设有 A、B、C 三点，若 B 介于 A 和 C 之间，则 A、B、C 是一条直线上的三个不同的点，并且 B 也介于 C 和

A 之间。公理二：对于任何不同的 A 和 B 两点，在直线 AB 上至少有一点 C，使得 B 介于 A 和 C 之间。公理三：在一条直线上任何不同的三点中，至多有一点介于其余两点之间。希尔伯特公理和《墨经》直线概念的内容是相通的。

《经说上》说："圆无直。"《墨经》在分别定义圆和直线后，确认圆和直线关系的定理"圆无直"，即圆周上无直线；一圆周上任何三点，都不在一条直线上；没有一圆，能通过同一直线上的三点。《墨经》认为，这条定理，可以通过科学方法证明。《经说上》："有说，过五诺，若'圆无直'。""说"：论证。"五诺"：论证科学知识的五种问答法。

《法仪》："直以绳。"木工在生产实践中总结出画直线方法。木工用墨斗工具画直线的实践，在理论上接近于欧几里得几何学的思想。其一，从每一点到另一点可引一直线；其二，通过不同两点的直线必定存在；其三，通过不同两点的直线至多有一条；其四，推论：任意两个不同的点，确定唯一的通过它们的直线。

五、点线面体有概念

《墨经》称"点、线、面、体"为"端、尺、区、厚"。《经上》说："端，体之无厚而最前者也。"《经说上》："端。

是无内也。"这是端"（点）的定义。《墨经》的"端"含义有两种：第一，相当于欧几里得几何学中的点。在欧氏几何中，点被定义为"不可分"。第二，没有厚度，也没有长度和宽度，是物体的最前部分。

《经下》："非半弗斫则不动，说在端。"《经说下》："斫半，进前取也。前则中无为半，犹端也。前后取则端中也。斫必半，无与非半，不可斫也。"一根有穷长的棍子，不管从一头往前取半，还是从两头往中间取半，每次取一半，最后不能再取半。这就是"端"，即不可分的点。

"无厚"：是《墨经》常用的基本概念，相当于几何学上的点，物理学上的"原子"。《墨经》认为，几何学上的"点"，在长、宽、高三维空间上，都没有厚度（无所大）。《庄子·天下》篇载惠施有"无厚不可积也，其大千里"的论题。这里"无厚"可理解为线和面。线在宽度和高度上不可积累，然而在长度上可以大到千里。面在高度上不可积累，然而长度和宽度上可以大到千里。《墨经》所谓"体之无厚而最前"，是从几何学上解释"端"（即"点"）的本义。认为"端"是构成线段，并作为线段的"体"（部分）的极多"无厚"中最前的那一"无厚"（就所选取的某一部分而言）。《几何原本》中说"线之界是点"，即点是作为线段界限尽头最前端的部分，跟《墨经》中"端"（点）的定义相符合。引申推广说，端（点）

指构成线段，并作为线段"体"（部分）的任一"无厚"。《经下》说"非半弗斫则不动，说在端"，认为"端"不可再分，即没有内边，是物质最小的部分，相当于物理学上的"原子"。

《墨经》的"无厚"是概念造词法，同于"无久"。"无久"意为无穷小的时间点。不考虑"久"即时间的绵延。"无厚"则意为无穷小的空间点，物质点。不考虑"厚"即空间各维度上的厚度，物质的广延。《墨经》也把无穷小的空间点（即"无厚"）叫作"无宇"，《经下》曾说"无久与宇"，即是"无久"和"无宇"的合并省略。《墨经》的写作特点是语言极其简练浓缩，通常是简而又简，以至于无可再简。翻译为现代汉语时，必须仔细辨识语义，适当增加词素，方能将之翻译成流畅易懂的现代汉语。"内"原误为"同"。《庄子·天下》载惠施"历物之意"说"至小无内"，即最小的东西没有内边，这跟《墨经》"无厚"的概念一致。《经下》说"非半弗斫则不动，说在端"，认为"端"不可再分，即没有内边，跟这里"无内"的意思恰合。《几何原本》说"点者无分"，把"点"定义为"不可分"，跟《经说上》的"无内"说意思相合。

《墨经》中有 8 条涉及"端"的概念，其中 6 条属几何学，是指"点"，共使用 10 次。点是《墨经》的几何学概念，跟"尺、区、厚"组成"点、线、面、体"的范畴系列。属于光学的有 1 条，指小孔成像光学现象中的小孔，共使用 3 次。属物理学的有 1 条，指不可分割的极限、质点、微粒、原子，共使用 3 次。

《墨经》中"尺"共使用 223 次。尺子是木工匠师须臾不离手的工具，墨家从尺子抽象概括出"直线、线段、线"的几何学知识（共使用 5 次），以及有穷无穷等物理学哲学概念范畴，有极多关于"尺"的应用事例，是分析中国抽象思想起源的一个典型实例。

《经上》："体，分于兼也。"《经说上》："体。若二之一、尺之端也。"即"体"（部分）是从"兼"（整体）分出。如集合"二"中的元素"一"，线中的点。点和线的关系是部分和整体的关系，这是对"体"所下的关系定义。"兼"：整体，集合；跟"体"相对。"体"：部分，元素。"尺之端"：线中的点。"尺"：线。"端"：点。线是无数点的集合，点是线的元素。这相当于欧几里得几何中"全体大于部分"的公理。《墨经》中证明了点是线的必要条件，线是点的充分条件。《经说上》："小故：有之不必然，无之必不然。体也，若（尺）有端。"即"小故"（原因的部分要素，必要条件）：有它，不一定有某一结果；没有它，一定没有某一结果。"小故"是形成某一结果的部分原因，如点是形成线的小故（必要条件）。"有之不必然"：有前件不一定有后件。有 P 不一定有 Q 。这是"有之必然"的反命题，并非"有之必然"。¬（P → Q）=P ∧ ¬Q。读作：并非如果 P 则 Q，等值于 P 并且非 Q。如："并非如果有点则有线"，等值于"有点，并且没有线"。这是"必要条件"的引申义。"无之必不然"：没有前件，一定没有后件。没有 P，一定没有 Q 。¬P → ¬Q。读作：非 P 则非 Q。这是"必要条件"的本义。如没有点，一定没有线。点是线的必要条件。"若有端"："若尺有端"的略文，省略了"尺"。"若"：如。"若有端"是"小故"的典型事例。"尺"：线。"端"：点。都是几何学概念。"故"分"小故"和"大故"。"小故"相当于必要条件，特征是"有之不必然，无之必不然"。即有点不一定有线，而无点一定无线，点为线的必要和非充分条件。反过来，可以说线为点的充分条件，即有线一定有点，而无线不一定没有点，线是点的充分和非必要条件。设 P 为 Q 的必要和非充分条件，则 Q 为 P 的充分和非必要条件。

"区"：指面。实面和空面（虚面）：空间的虚实变换。《经上》："窬，易也。"《经说上》："区穴常若斯貌。"孔洞是空间虚实变换的结果。取出的实面，与原来容纳它的孔洞（空面），恒常有如此相似的状貌。"窬"：土室、洞穴、空洞、孔洞、孔窍，俗谓窟窿、窟笼。"易"：变易，变换。"区"：面，特指一物体上的实面。"穴"：土室、孔洞、窟窿，特指面上的空缺部分，即空面（虚面）。

六、相交相切和分离

《经上》说："撄，相得也。"《经说上》："撄。尺与尺俱不尽。端与端俱尽。尺与端或尽或不尽。坚白之撄相尽。体撄不相尽。""撄"：相交，相遇，接触，重合；通"婴"。"撄"（接触、交叉、重合）是至少互相得到，或占有对方一部分。这一直线与那一直线交叉，二者都不完全重合。这一点与那一点迭合，二者完全重合。这一直线与那一点迭合，从点一方说，是完全被直线所占有了；从直线一方说，并没有被点所完全占有。在一块坚白石中，坚与白的渗透完全密合。如果两个元素只有部分接触，那当然不会完全重合。"相得"：至少互相得到，或占有对方一部分。"尽"：完全重合。"或"：有的。"体"：部分。

《经上》："次，无间而不相撄也。"两个物体紧接着摆放，它们中间既无空隙，又不重合。"次"：按次序排比，至，及，紧接摆放，几何学的相切。《经上》："比，有以相撄，有不相撄也。"对两个图形进行比较，可以用叠置法来看它们重合与不重合的部分。《经说上》："比，两有端而后可。"几何学中图形比较法，同类图形可相互比较，如两条线、两个角、两个圆、两个矩形等，可用叠置法比较。对两个图形进行比较，以它们都有端点边界为必要条件，可以用叠置法来看它们相交、不相交（重合、不重合）的部分。"比"：比较。

《经上》："次，无间而不相撄也。"《经说上》："次，无厚而后可。"次：序次，排列，排比，至，及，紧接，相切。两个物体紧接，中间既无空隙，又不重合。这只在有"无厚"（即存在无穷小的空间点和物质点）的情况下才有可能。相切：两个图形的共同点只有一个。"无间"：两个图形之间没有空隙。"不相撄"：不相交。相交是有两个共同点，"相切"是有一个共同点。

离：相离，背离，离开，分离，分开，有距离。《经上》："离，间虚也。"两个图形相离，中间有空隙。《经说上》："离，虚也者，两木之间，谓其无木者也。"两个物体分开有距离，中间形成空虚之处，如两块木头之间的空虚之处，是说两块木头之间没有木头的地方。

《经上》："有间，中也。"说两个物体有间隙，是指两个物体中间的空虚部分而言。《经说上》："有间，谓夹之者也。"说两个物体有间隙，是以夹持中空部分的两个物体作为称谓的主体。"间"：间隙。

《经上》："间，不及旁也。"两个物体的间隙不涉及旁边的两个物体本身，只涉及两个物体之间的空隙部分。《经说上》："间，谓夹者也。尺前于区而后于端，不夹于端与区内。及，非'齐及'之'及'也。"两个物体的间隙是指谓两个物体所夹持的空虚部分。在平面几何中，线是位于面的前边，夹持面，而作为面的界限的东西。线又是位于点的后边，被点夹持，而以点为界限的东西，即线夹面，而又被点所夹。这样只能说点夹线，线夹于点之间；线夹面，面夹于周边之间。不能说线夹于点与面内，即不能说点与面夹线。"间，不及旁也"的"及"，是指涉及、包含之意，不是"齐及"（相等）之意。"间"：间隙。"尺"：指线。"区"：指面。"端"：指点。"尺前于区"相当于欧几里得几何中的定义"面的界限是线"；"尺后于端"相当于欧几里得几何中的定义"线的界限是点"。

七、有穷无穷有定义

一把尺子一条线，有穷无穷有概念。《经上》说："穷，或有前不容尺也。"《经说上》说："或不容尺有穷，莫不容尺无穷也。"一个空间是有穷的，在度量的时候，前面不能容纳一线，这就是"或不容尺有穷"。一个空间是无穷的，在度量的时候，前面永远可以容纳一线，这就是"莫不容尺无穷也"。"穷"是有边界的区域，用尺沿一定方向去量，必能量尽。"或"：有时。"尺"：线。"前"：一个区域的最前面。《墨经》有穷无穷的定义意涵，酷似古希腊阿基米德度量公理"有穷线段可度量"：设有两给定线段，其中较短线段延长足够多倍，必可超过较长线段。

八、加倍定义还原法

《经上》："倍，为二也。"《经说上》："二尺与尺但去一。""倍"是乘以2。2尺和1尺之差，是1尺；从2尺中减去1尺，剩余1尺；2尺是1尺的2倍。这是"倍"的定义和还原算法。

《墨经》中有许多数学概念跟欧几里得《几何原本》相符合。《墨经》是中国数学史上的宝贵文献，记述数学知识，跟工匠几千年实际运用的生产技术密切结合，变为尽人皆知的基础理论。

第二节
命题五行无常胜，物理思辨有专经

一、命题五行无常胜

英国科学家李约瑟说："墨家之兴趣即是趋重于物理

学与力学之发展。"[1] 物理学是研究物质运动规律的学科。《墨经》中有对世界的物质构成和运动规律的合理见解。《经下》说:"五行无常胜,说在多。"《经说下》说:"金木土水火杂。燃火铄金,火多也。金靡炭,金多也。金之腐水,火丽木。若识麋与鱼之数惟所利。"金木水火土五种元素,并没有一种固定的、经常的胜克顺序,论证的理由在于,哪种元素占了优势,哪种元素才能胜过其他元素。金木土水火五种元素混杂,构成万物。火的燃烧,能够熔化金属,这是由于火占优势的缘故。金属能够压灭炭火,这是由于金属占优势的缘故。以金属器皿盛水,能够使水腐臭。火能够把木头燃烧成灰烬,却又要依赖于木头才能够存在。这就像要知道某处麋鹿盛,某处鱼儿多,只有看某处的环境是否对它们有利。

五行说是中国古代一种宇宙物质构成说。《国语·郑语》载史伯说:"以土与金木水火杂,以成百物。""五行常胜"是阴阳家邹衍等人所说的构成世界的五种基本元素金木水火土有一种经常的胜克顺序:"火克金,金克木,木克土,土克水,水克火。"这种观点用简单枚举归纳概括部分自然现象和生活经验,流于简单片面,而《墨经》

---

① 〔英〕李约瑟:《中国古代科学思想史》,江西人民出版社 1990 年版,第 200 页。

列举反例反驳，否定"五行常胜"观点。

古人用五行说解释世界，是朴素科学因素和迷信谬说的混合。其朴素科学因素有待提升改造为现代系统的科学知识；其迷信谬说成分不应该盲目信从，应破除肃清。按土、木、金、火、水顺序，依次发生"五行生胜"的学说，是天人感应的神秘主义，天道循环的机械论，不是科学而是迷信。

五行概念最早见于《尚书》。《尚书·洪范》说："五行：一曰水，二曰火，三曰木，四曰金，五曰土。"认为宇宙万物由五种物质构成。"行"，即运行，相生、相克。所谓五行相生，即：木生火，火生土，土生金，金生水，水生木。所谓五行相克，即：水胜火，火胜金，金胜木，木胜土，土胜水。五行生克议论的认识论根源是局部经验和猜测想象的混合。其方法论根源是机械类比，无类比附，牵强附会，生拉硬扯。

五行说是中国传统思想的骨干。古代政治宗教、思想学术、天文历法、科学技术都有五行说的因素。顾颉刚说它是"中国人的思想律"①。范文澜打比方说，中国人受其影响，"正如孙悟空尽管着努力，依然跳不出如来佛

① 顾颉刚：《五德终始说下的政治和历史》，《古史辨》第5册，上海古籍出版社1982年版，第404页。

的手掌一般"[①]。梁启超在《古史辨》第五册《阴阳五行说之来历》中说:"阴阳五行说为二千年来迷信之大本营,直至今日,在社会上犹有莫大势力。"他们都指出五行说对中国社会的消极作用,以及迷信谬说的危害。《墨经》一反中国传统思想主流的弊端,批判"五行常胜"说的机械片面,渗透辩证的哲理内涵,是现代科学思想的萌芽和闪光。

二、物理思辨有专经

《墨经》中有八条涉及"端"的概念,其中一条属物理学,指不可分割的极限、质点、微粒、原子。《经下》:"非半弗斫则不动,说在端。"《经说下》:"斫半,进前取也,前则中无为半,犹端也。前后取则端中也。斫必半,无与非半,不可斫也。"对于给定有一定长度的木棍,连续取半,不能再取半,不能再砍,就出现不动的端点,论证的理由在于对"端"的定义。取半操作,从这一头往那一头,最后那一头无法再取半,就碰到"端"。从两头往中间取半,"端"在中间。规定做取半操作,到不能再取半,就无法再砍。"斫":砍断。"无与非半":不能再做取半操作。

第二讲 数学学科到光学,自然科学攀高峰

---

① 范文澜:《与顾颉刚论五行说的起源》,《古史辨》第 5 册,上海古籍出版社 1982 年版,第 641 页。

《庄子·天下》载辩者说："一尺之捶，日取其半，万世不竭。"这是物质无限可分论。辩者论点是"不竭"，而《墨经》论点是"竭"，存在"不能取半""不动"的"端"点。《墨经》的"端"，是没有长、宽、高三维，无穷小的物质微粒。这种物质结构论相当于古希腊自然哲学家的原子论。原子论，或物质微粒说，是人类认识物质的一个阶段，也是一个里程碑，再进一步，人类探讨物质微粒深层结构，提出物质无限可分说。物质结构是可分和不可分的结合，是可分的阶段性、有限性和进展性、无穷性的统一。《墨经》的"竭"和《庄子》的"不竭"两种论点都各有其局部的真理性，都有所见，有所不见。

第三节
科学实验巧构思，力学概念定义精

一、精辟定义力概念

力学是研究物质运动原因的学科。《经上》说："力，形之所以奋也。"《经说上》说："力。重之谓。下举重，奋也。"力是物体运动变化的原因。重量可以叫作力。自下而上举起重物，是力引起物体运动变化的事例。"形"：形体，物体。"奋"：动，运动。《广雅·释诂》："奋，动也。"指物体运动状态的变化。"奋"原意是鸟振翅奋飞，人常说奋发有为，振奋精神，墨家用它来描述物质运动状态改变。从状态改变中寻找力的原因，实际包含加速度的意蕴。甲骨文"力"字像一把尖状起土农具耒，用耒翻土需体力，这是当初造字的本意。《墨经》最早对力作出有物理意义的定义。搬运重物，使物体由静止变为运动和加速度运动的原因，是"力"。

"力"是劳动者以自身力量，从事物质生产，改造自然，创造生存条件的实践活动。"举重"从下往上，克服重力阻抗，这种形体动作是劳动。形体之所以能动作的原因，是"力"。《经说下》说："凡重，上弗挈，下弗收，旁弗劫，则下直。"这是揭示"凡重物不往上提，不往下收，不从旁给力，仅受重力作用，必垂直下落"的规律。

力是物理学的基本概念，其形成过程历经漫长时期，西方在十七八世纪时由物理学家给出准确定义。近代意大利物理学家伽利略和英国物理学家牛顿研究发现，力是物体运动状态改变的原因。而墨家通过观察和抽象理论思维，分析人类劳动现象，朴素接近了伽利略和牛顿的规律性认识。正如恩格斯所说："关于力的观念，如各方面所承认的（从黑格尔起到赫尔姆霍兹止），是从人的机体在周围环境中的活动中借来的。我们常说肌肉的力、手臂的力"。"自然科学还在黑格尔那时已经处于这种质朴的发展阶段"。①《墨经》中的力学思想便是这种自然科学的质朴阶段。

二、科学实验测引力

《经下》说："堆之必拄，说在废材。"《经说下》说："并石垒石，循夹寝者法也。方石去地石，关石于其下，悬丝于其上，使适至方石。不下，拄也。胶丝去石，挈也。丝绝，引也。未变而名易，收也。"堆砌材料一定要有所支撑，论证的理由在于放置建筑材料应遵循一定法则。每层并砌和层层垒砌石料，要遵循互相夹持着摆放的法则。取一块方石，让它离地面正好有一块石头的间隔，然后放一块石头在它下面，在它上面悬挂一根丝绳，使丝绳下端正好够着这块方石。这块方石不落下，是由于受到下面石头的支撑。把丝绳胶结在上面那块石头上，去掉下面的石头，这时会发现丝绳对石头的提举作用（克服地面引力）。如果丝绳断了，这时会发现石头向下的牵引作用（地面引力）。还是这种情况，而换一种说法，从地面角度来说，这是地面对石头收取的作用（地面引力）。本条用"方石"论证堆砌石墙的法则，是超时代的力学实验。

---

① 〔德〕恩格斯：《自然辩证法》，人民出版社 1971 年版，第 63—64 页。

"引"和"收"二字，是墨家对地面引力的猜测。李约瑟说："只在我们研究《墨经》与《经说》时，始知后期墨家奋力于实验科学所可依据之思想体系之建立。"胡适说："看《墨辩》中论光学和力学的诸条，可见墨家学者真能作许多实地试验，这是真正**科学的精神**。"[①]

三、圆球重心合悬垂

《经下》说："正而不可倚，说在抟。"《经说下》说："丸无所处而不中悬，抟也。"垂直的东西不会偏斜，论证的理由在于分析圆球形的物体。圆球形物体的重心方向，随处都与自上而下悬挂垂线的标准相符合。"正"：垂直。"倚"：偏斜。"悬"：自上而下悬挂的垂线。《法仪》："正以悬。"垂直的标准是自上而下悬挂的垂线。"抟"：指圆球形物体。

第四节
桔槔滑车和车梯，简单机械学问精

一、桔槔提水省力气

杠杆滑轮在物理学中属于简单机械。《墨经》记载了

---

① 胡适：《中国哲学史大纲》，商务印书馆 1919 年版，第 226 页。

多种简单机械桔槔滑车和车梯的用力原理，从当时的生产生活实践中总结出了杠杆斜面的力学知识，形成专而精的简单机械学条文。

《经下》说："负而不翘，说在胜。"《经说下》说："衡木加重焉，而（标端）不翘，极胜重也。右校交绳，无加焉而翘，极不胜重也。"《墨经》将秤的支点到重物一端的距离称为"本"（重臂），将支点到权一端的距离称为"标"（力臂）。使用桔槔机提取重物时，本端负重，而标端不会翘起来，论证的理由在于，标端的重力距胜过本端与重物的重力合力距。横杆本端加上重物以后，而标端不会翘起来，那是由于标端的重力距胜过本端与重物的重力合力距的缘故。如果从右边调节立柱与横杆的连结之处，交点过于靠近标端，那么即使本端没有加上重物，标端也会翘起来，那是由于标端的重力距没有胜过本端的重力距的缘故。"负"：桔槔机本端负重。"胜"：胜过，大于，杠杆标端重力距大于本端与重物的重力合力距。"校"：调节校准。"交绳"：立柱跟横杆相交捆绳。

《说苑·反质》："为机重其前，轻其后，命曰桥。"《庄子·天运》："子独不见夫桔槔者乎？引之则俯，舍之则仰。"《庄子·天地》："凿木为机，后重前轻。挈水若抽，数如溢汤，其名曰'槔'（桔槔）。"开凿木头制机械，后重前轻用力省。提水像抽若有神，就像开锅汤外溢，名字就叫桔槔机。桔槔机见图2。

图2　桔槔机

二、应用静力是秤衡

《经下》说："衡而必正，说在得。"《经说下》说：
"相衡则本短标长。加重于其一旁，必垂。权重相若也，
两加焉，重相若，则标必下，标得权也。"秤杆必须保持
平衡，论证的理由在于，秤杆标端得到了一个可以在秤杆
标端任意调节滑动的秤锤。秤杆保持平衡，则本端短，标
端长。如果秤杆已经保持了平衡，再在秤杆的某一端加上
重量，那一端一定会下垂。如果秤锤与重物相等，分别加
在秤杆的标端与本端，则标端一定会下垂，这是由于本来
本端较短，标端较长，而标端又得到了一个与重物相等的
秤锤的缘故。"衡"：秤，秤杆。"权"：秤锤。《墨经》讨
论杠杆平衡的各种情形，考虑"本""标"相等的平衡，
"本"和"标"不相等的平衡，注意杠杆两端的力，力和

作用点间距离的大小，这都是墨家科学实验的结果。见图3 杠杆原理。

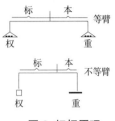

图 3 杠杆原理

古希腊阿基米德在《论平面图形的平衡》中提出杠杆原理（杠杆平衡条件）：力臂与重量成反比。即重量 × 重臂 = 力 × 力臂。阿基米德正是借助杠杆和滑轮组，使搁浅沙滩的桅船下水；在保卫叙拉古免受罗马海军袭击的战斗中，利用杠杆原理制造抛石机，阻罗马人于叙拉古城外三年。《墨经》比阿基米德略早记载杠杆平衡条件，列举等臂和不等臂，改变两端重量使其偏动，改变两臂长度使其偏动，在世界物理学史上有重要贡献。

墨家还在守城防御战中，用杠杆原理制作抛石机，投石阻敌；制作冲撞杆，用于"穴攻"（地道战）。《备城门》："百步一井，井十瓮，以木为桔槔。""城上之备桔槔。"《备穴》："穴且遇，以桔槔冲之。""穴且遇，为颉皋，必以坚材为夫，以利斧施之，命有力者三人用桔槔冲之。"敌我两方隧道快要接通时，一定要用坚硬的材料做成冲杆桔槔，装有利斧，命令三位勇士，使用桔槔冲开敌方隧道土层。抛石机见图4。

图4 抛石机

三、滑车运物更省力

《墨经》还讨论了滑轮工作原理。滑轮工具广泛应用于工程建设，可节省劳力。桔槔和滑轮是形态上不同的两种工具，但二者遵循的原理是相同的，即杠杆的力学原理。

《经下》说："挈与收反，说在权。"《经说下》说："挈。挈有力也，引无力也。不必所挈之止于斜也，绳制挈之也，若以锥刺之。挈：长重者下，短轻者上，上者愈得，下者愈亡。绳直，权重相若，则止矣。收：上者愈丧，下者愈得。上者权重尽，则遂挈。"

用滑轮提升与收取重物的方向相反，论证的关键在于，使用一个起牵拉、缓冲或平衡作用的标准重物"权"。由下而上提升重物，要用力气。由上而下收取重物，是利用重力的作用，使重物自动下降，所以不用力气。要想方便或省力地提取重物，不一定只利用斜面这一种方式，用绳索制动滑轮以提取重物，就像用锥子刺物一样方便省力。由下往上提升重物时，系在绳子一端的相对较重的"权"，靠着重力的作用会自动下降，系在绳子另一端的相对较轻的重物，则被自动地往上提。被提举的重物越来越靠近上边，靠重力下降的"权"会越来越接近地面。如果制动定滑轮的绳子两边下垂，分别悬挂的"权"和重物重量相等，那么两边就会静止不动。由上往下收取重物时，系在绳子一端的相对较轻的"权"，离地越来越远，越来越靠近上边，重物凭借重力的作用，越来越靠近地面。待"权"上升到滑轮边沿时，如果还想提升重物，则需用人力把重物稍稍提举，以便使"权"能够再次自动下落，开始新一轮提举重物的过程。

"挈"：提升。"收"：收取，下引。"反"：方向相反。"挈"与"收"二者用力方向相反。"权"：帮助提升或收取重物，起牵拉、缓冲或平衡作用的标准重物，相似于秤锤，故称为"权"。"斜"：斜面。"绳制挈之"：用绳索制动定滑轮以升降重物的装置，即滑车（滑轮）。用定滑轮可改变力的方向，应用一组适配的滑轮可减轻劳动强度，节省力气。战国时滑轮在高空升降重物的生产劳动中被广泛应用，也变成了通用作战器械。见图5滑轮工作原理。

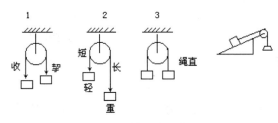

图5 滑轮工作原理

四、应用斜面是车梯

《经下》说："倚者不可正，说在梯。"《经说下》说："倚：背、拒、牵、射，倚焉则不正。两轮高，两轮为轮，车梯也。重其前，弦其前，载弦其胡，而悬重于其前。是梯，挈且挈则行。凡重，上弗挈，下弗收，旁弗劫，则下直。斜，或害之也，流梯者不得下直也。今也废石于平地，重，不下，无旁也。若夫绳之引胡也，是犹自舟中引横也。"

斜面运物跟垂直运物不同，论证的理由在以车梯为例。背负、抵拒、牵引、投射，都有偏斜而不垂直的现象。车梯的前两轮低，后两轮高。因为车梯的重心偏前，为了在装运过程中保持车梯的平衡，需要在车前系以绳索，使绳索下垂，而悬以重物。这种车梯，提起前端并向前牵引，则能够前行。凡是重物，不往上提举，不往下收取，不从旁边给予强力，而仅受重力作用，则会垂直下落。斜面对物体的下落起某种妨害作用，在梯子上滑动的物体，不能够垂直下落。把一块石头放在平地上，它有重力，但受地面阻力的作用，不会下落，也没有从旁边来的作用力，它就会静止不动。用绳索牵引车梯前行的运动方式，就像用绳索牵引舟前横木使舟作水平运动一样。"倚"：偏斜。"正"：垂直。《经下》另条："正而不可倚。""梯"：指车梯，兼有车子和梯子两种功用。"背"：背负。"拒"：抵拒。"牵"：牵引。"射"：投射。"轻"：小而无辐的车轮。

墨家学派利用斜面原理，制造斜面引重车，车前轮矮小，后轮高大。前后轮间装木板斜面，后轮轴系绳索，通过斜板高端滑轮，将绳另一端系在斜面重物上，推车前进，可将重物推引到高处。这是至今仍然有用的搬运设施。见图6斜面引重。

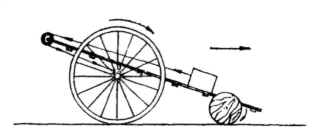

图6 斜面引重

墨家的一大贡献是有机统一科学和技术。技术为科学提供经验资料和实证，科学是技术的总结提高和升华。墨家从生产技术中概括科学原理，用以创造发明得力有效的工具。墨家的创造发明服务于劳动人民的生产和生活，具有实用价值。

第五节
奇景妙像巧实验，墨经光学有系统

光学是论光与影的学说。《墨经》中有 8 条讲系统的几何光学知识，有观察和实验记录，并由此探索光影的机制原理。《经下》《经说下》的 118—125 条，讲几何光学实验记录和理论猜测，是中国古代物理学的杰出成果。墨家通过实验说明光学原理，在世界光学史上占有重要地位。

一、直线传播照若射，小孔成像有原理

《经下》："影倒，在午，有端与影长，说在端。"《经说下》："影。光之人，照若射。下者之人也高，高者之人也下。足蔽下光，故成影于上。首蔽上光，故成影于下。在远近、有端与于光，故影窟内也。"形成倒影的条件，在于光线交错，有一个小孔，影子有一定长度，论证

的关键在于存在小孔。光线照到人身，光线照耀就像射箭，是直线进行。人下部的影子，形成于高处；人高处的影子，形成于低处。人足部遮蔽从下部照来的光线，所以形成的影子在上边；头部遮蔽从上部照来的光线，所以形成的影子在下边。人站在离墙有一定远近的地方，墙上有一个小孔，被光线照射，倒影就形成在室内。见图 7 小孔成像。

图 7　小孔成像

二、两个光源成重影

《经下》说："影二，说在重。"《经说下》说："二光加一光，一光者影也。"两光源照射同一物体，形成两影重叠为本影半影，论证理由在两光源重复照射。两光源形成两半影夹一本影。解释重影现象及其原理，涉及本影和半影。在光学上，两个影子相互重叠的部分，叫作本影。本影周围构成的影子，叫作半影。现代光学分别称"本影"和"半影"，即墨家说的"影"和"重影"。墨家解释形成重影的原因在于"二光"存在。两个光源造成两个半影，夹着一个本影。墨家通过实验观察，提出本影和半影的现象和原理。庄子也有以本影和半影现象表达自己的哲学观点的做法，如《齐物论》说"罔两问影"。一个物体，在两个以上光源照射下，形成影子。"影外之微阴"是罔两，两影重叠处较黑的部分是"影"。见图8本影半影。

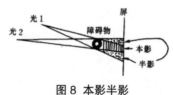

图8 本影半影

三、光至影亡影不徙

《经下》："影不徙，说在改为。"《经说下》："影。光至影亡。若在，尽古息。"物体影子本身不会迁徙，论证理由在于通常看到影子迁徙，是由于光源和物体相对位置改变的结果。光源和物体相对位置改变，光线照到原来影子形成的地方，影子就消失。如果光线照到原来影子形成的地方，影子没有消失，则影子就会永久留存在那里，这是不可能的。这一条是说明光影关系，分析影子移徙的物理本质。物体影子本身不迁徙，影子迁徙是物体与光源位置改变的结果。《庄子·天下》载辩者"飞鸟之影未尝动也"论题。《列子·仲尼》载有公孙龙的论点"影不移"，公孙牟子对公孙龙论题的解释是："影不移者，说在改也。"跟《经下》本条义同。

四、日光反射影迎日

《经下》说："影迎日，说在转。"《经说下》说："日之光反烛人，则影在日与人之间。"影迎着太阳（影在太阳跟人之间），论证理由在日光被反射。太阳光线被镜子反射到人身上，影形成于太阳和人之间。"影迎日"：影在太阳跟人之间。"转"：反射。"反烛"：反射。这是墨家研究光反射现象。人影投在迎向太阳的一面，是因为太阳光经过平面反射镜的反射，转变方向。太阳光被反射后，照在人身，成影在太阳跟人之间。见图 9 日光反射。

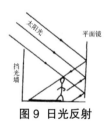

图 9 日光反射

五、球镜成像有规律

《经下》说："临鉴而立，影倒，多而若少，说在寡区。"《经说下》说："正鉴，影多寡、貌态、白黑、远近、斜正异于光。鉴、影当俱，就、去亦当俱，俱用背。鉴者之容，于鉴无所不鉴。影之容无数，而必过正。故同处，其体俱然鉴分。"人站在球面镜前，成倒立像、缩小像，论证理由在镜面是较小区域。面对球面镜，像的大小、状貌形态、明暗、远近、正倒与物体有区别。物体在镜前，镜跟物体之像总是同时存在，物体跟像接近与离开镜面的运动总是同时存在，物体跟像的运动方向总是相反。被照物体的容貌，在镜中都会有反映。像的容貌多样，一定会歪曲原物形像。物体跟镜面同在一处，物体在镜面的不同部分，成不同的像，就像物体被镜面分开一样。"临鉴而立"：指人站在镜子前面照镜子，看自己在镜中的形像。"影倒"：凹镜形成倒立像。"多而若少"：物体大而成像小，凸镜成缩小像。"寡区"：镜子是较小区域。"正鉴"：正面对着镜子。"影多寡"：像的大小。"貌态"：状貌形态。"白黑"：明暗淡浓。"鉴、影当俱"：物体在镜前，镜跟物体之像总是同时存在。"就、去亦当俱"：物体跟像接近与离开镜面的运动总是同时存在。"俱用背"：物体跟像的运动方向总是相反。"过正"：指像跟原物有不同。"其体俱然鉴分"：磨制不均匀镜面，物体在镜面不同部分，成不同像。

　　青铜平面反射镜在我国最早出现于 3600 年前。殷商是青铜盛世，铜镜日益普遍。1976 年在河南安阳小屯妇好墓出土四面铜镜，直径 12 厘米左右，证明中国在殷商武丁时期（前 12 世纪）就有了铜镜制造技术。西周有金文"鉴"，表示用金属制造的镜子。《诗·邶风·柏舟》："我心匪鉴，不可以茹。"（我心并非青铜镜，不能一照都留影）安阳妇好墓出土的四镜其中之一镜面微凸，安阳侯家庄墓也发现了微凸铜镜。这说明凸镜在我国有 3000 多年历史了。凸镜成像是正立缩小像，小镜可照较大物体，省料轻巧便携带。考古发现的商周后期铜镜，多平面镜，也有凸镜凹镜。所以墨家是有条件通过实验，论证平面镜、凸镜和凹镜成像特点规律的。

六、凸镜成像只一种

《经下》说："鉴团影一。"《经说下》说："鉴者近，则所鉴大，影亦大；其远，所鉴小，影亦小；而必正。影过正故招。"凸镜成像只一种：物体距镜面近，所照面积大，成像也大。距镜面远，所照面积小，成像也小。像一定是正立的。物体距镜面过远，像跟原物差别过大，会招摇不定。"鉴团"：凸镜。"招"：摇动，模糊不清。物体在凸镜前，在镜后成正立缩小的虚像。见图 10 凸镜成像。

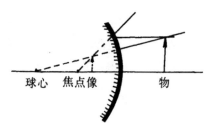

图10 凸镜成像

七、凹镜成像观察细

《经下》说："鉴凹，影一小而易，一大而正，说在中之外内。"《经说下》说："鉴。中之内：鉴者近中，则所鉴大，影亦大；远中，则所鉴小，影亦小；而必正：起于中、缘正而长其值也。中之外：鉴者近中，则所鉴大，影亦大；远中，则所鉴小，影亦小；而必易：合于中而长其值也。"凹镜成像，一种情况是，像比物体小，并且是倒立的。另一种情况是，像比物体大，并且是正立的，论证理由在物体是处在球心之外，还是焦点之内。物体在焦点之内成像的情况：照镜子的人接近焦点，则所照的面积大，成像也较大；远离焦点，则所照的面积小，成像也较小。像一定都是正立的，这是由于光线从焦点和球心出发，与镜面正交，并向镜后延长相交而成像的结果。"鉴凹"：凹镜。"易"：倒立。"正"：正立。"中之外内"：凹镜球心外与焦点内。"中之内"是物体在焦点内的情况。

"中之外"是物体在球心外的情况。当人从远离球心的 A 走到 B，成像于 A′和 B′。当人走进球心和焦点间 C 点，成像于人的背后 C′。当人走过焦点抵达 D，见镜后放大正立虚像。见图 11 凹镜成像。

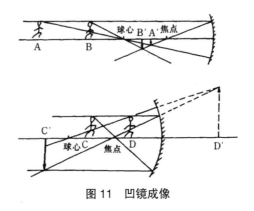

图 11　凹镜成像

物体在球心外：照镜子人接近球心，所照面积大，成像较大；远离球心，所照面积小，成像较小。像都是倒立的，这是由于光线会合于焦点和球心中间，并延长相交而成像的结果。物体在球心外，在球心和焦点间得缩小倒立实像。见图 12 凹镜成像物在球心外（ *C*：物体。*C′*：成像。*O*：球心。*F*：焦点 ）。

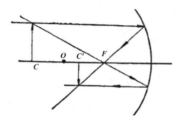

图 12　凹镜成像物在球心外

物体在焦点内,得镜后放大正立虚像。见图 13 凹镜成像物在焦点内。

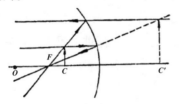

图 13　凹镜成像物在焦点内

八、斜正远近影大小,科学实验堪称奇

《经下》说:"影之大小,说在斜正远近。"《经说下》说:"木斜,影短大。木正,影长小。光小于木,则影大于木。非独小也,远近。"光源照物体成影大小,论证理由在物体斜正、光源远近。用木头做实验,木头斜放,则影子短大。木头正放,则影子长小。光源小于木头,则影子大于木头。不仅有"光源小于木头"的情况,还有光源

大于木头的情况，这时影子会小于木头。当光源距木头远时，影子小；当光源距木头近时，影子大。墨家用一根木头做实验，分析在木头摆放的斜正、光源比木头大小、光源离木头远近等不同情况下的物影变化。用"斜正"试验的叫"光度"，即光体发光强弱之度，可由标准物的斜正决定。用"远近"试验的叫"照度"，即物体受光浓淡之度，可由标准物的远近决定。

墨家开辟了以科学实验推进科学发展的正确道路，但因中国古代社会制度的限制和墨家中绝而受阻。现今中国学者的神圣使命，是继承中国古代科学的精华，与当今世界的先进科学联通接轨，促进世界人类共同携手前进的科学繁荣之路。

第三讲
逻辑学科到伦理，人文科学专而精

第一节
名辞说辩最展开，中国逻辑树典型

一、逻辑学科墨经有，逻辑学科人类同

《荀子·劝学》说："木受绳则直，金就砺则利。"梁启超说："学问以辨而明，思潮以摩而起。"[①] 马克思说："最好是把真理比做燧石，——它受到的敲打越厉害，发射出的光辉就越灿烂。"[②] 有人误抛错误口号，反对所谓

---

① 梁启超：《论中国学术思想变迁之大势》，《饮冰室合集》文集七，中华书局1989年版，第14页。

② 〔德〕马克思：《第六届莱茵省议会的辩论（第一篇论文）》（1842），《马克思恩格斯全集》第一卷，人民出版社1956年版，第70页。

"据西释中"（以西释中，以西解中，以西框中），用狭隘的"民族情结"和"义和团心态"（程仲棠语），把中国逻辑学曲解为脱离全世界全人类文明康庄大道的神秘之物，不可知之物，不可解析之物，抵制运用全世界全人类共有同享的发达完善典型的西方逻辑学工具方法。但中国和西方的逻辑学是相通的。毛泽东在《同音乐工作者的谈话》（1956.8.24）中说："'学'是指基本理论，这是中外一致的，不应该分中西。""自然科学、社会科学的一般道理都要学。水是怎么构成的，人是猿变的，世界各国都是相同的。"（《人民日报》1979.9.9）

"逻辑学科墨经有，逻辑学科人类同。"这是中国逻辑学研究领域的前沿课题、攻关难题、闪光亮点、重点难点、热点焦点和学术增长点。现今中国学校讲授的逻辑学和"数理化天地生"（数学、物理学、化学、天文学和天体物理学、地球科学和空间科学、生命科学）等七大基础学科，是近现代从西方引进的系列学问。这七大基础学科有全世界、全人类的普遍性、普适性、普世性。百多年来中国人学习运用，丝毫不感到陌生抵触，只感到亲切融洽，如鱼得水。

近现代中国教育的知识内容，跟世界联通接轨，从西方引进的逻辑学和"数理化天地生"等各门基础科学、技术科学、人文社会科学，早已转化为中华民族文化不可或缺的有机组成部分，融入中华民族的精神心理，丝毫不会被认为是

"异己异端"。从未听到科技界有人站出来大喊逻辑学和"数理化天地生"七大基础学科、技术科学、人文社会科学是"异族""异己异端"文化，而加以排斥抵制，拒绝学用。

逻辑学跟"数理化天地生"等七大基础学科有全世界、全人类的唯一性、共同性、同质性、一元性、共有性、共享性。按逻辑学与各门科学的本性说，无关于西方的"地区性"和"民族性"，跟西方民族白皮肤蓝眼睛以及其他所有可以想象的差异，都没有丝毫必然的、本质的联系。因为种族遗传因素而有黄皮肤黑眼睛以及其他任何差异的中国人，完全可以放心地学用通行于全世界全人类的逻辑学与各门科学，不会产生丝毫排斥抵制心理。

有人误反所谓"据西释中"（以西释中，以西解中，以西框中），荒谬强调西方逻辑学和科学的"地区性""民族性"，鼓吹"要彻底摒弃据西释中"，维护"产生于东方古老文化环境中的墨学特别是墨辩逻辑和墨家科技"，维护"我国本有独立性的辩学"，维护"独立于西方逻辑"的"墨辩推理方式的独立性"。[1] 程仲棠指出，这是狭隘偏顽的"民族情结"和愚昧封闭的"义和团心态"作祟。[2]

———————————

① 谭戒甫：《墨辩发微序》，中华书局1964年版。

② 程仲棠：《"中国古代逻辑学"解构》，中国社会科学出版社2009年版，第171—173页；《中国古代有逻辑思想，但没有逻辑学——答马佩教授》，《暨南学报（哲学社会科学版）》2008年第6期。

"以西释中"（据西释中，以西解中，以西框中）的语义为：根据西方，解释中国；以西方逻辑学科学为工具方法，解释中国古代逻辑学和朴素科学。这恰是中国逻辑学科学的比较研究，有利于中国逻辑学融会贯通。

毕生倡导中西哲学比较会通的贺麟说："我们不但可以以中释西，以西释中，互相比较而增了解，而且于使西方哲学中国化以收融会贯通之效，亦不无小补。"[1] 中西互释，比较研究，融会贯通，是《墨经》逻辑学研究的正确方针。[2]

沈有鼎在《墨经的逻辑学》中说："（有人）企图证明中国没有逻辑学，或者说中国人的思维遵循着一种从人类学术康庄大道游离出来的特殊逻辑，于是《墨经》渐渐变成了供神秘主义者穿凿附会的天书，乌烟瘴气笼罩了《墨经》。"《墨经》研究需要"拨云雾而见青天"。[3]

马克思说："人体解剖对于猴体解剖是一把钥匙，低等动物身上表露的高等动物的征兆，反而只有在高等动物本身已被认识之后才能理解。"[4] 发达、完善、典型的西方

---

[1]　贺麟：《哲学与哲学史论文集》，商务印书馆1990年版，第269页。

[2]　参见拙著：《中国逻辑学十讲》，中国人民大学出版社2004年版，第200页；拙文：《论中国逻辑研究的层次和方法》，《商丘师范学院学报》2014年第1期。

[3]　《沈有鼎文集》，人民出版社1992年版，第377—378页。

[4]　《马克思恩格斯选集》第二卷，人民出版社1972年版，第108页。

逻辑学是分析中国逻辑学资料的科学工具、规范和标准，是墨辩研究的合用钥匙。墨辩表露的现代逻辑学征兆，只有在现代世界逻辑学被认知和应用之后才能被理解。

《小取》："夫辩者，将以明是非之分，审治乱之纪，明同异之处，察名实之理，处利害，决嫌疑，焉摹略万物之然，论求群言之比。以名举实，以辞抒意，以说出故。"这说明了辩学的功能和结构定义。"辩"：特指辩学，辩的学说，辩论术（dialectic），辩论技巧方术，先秦诸子百家争鸣辩论和朴素科学认识的思维表达方式，中国古代逻辑学。见图 14 清四库本《小取》书影。

图 14 清四库本《小取》书影

全世界、全人类只有同一的逻辑学基础学科，正如全世界、全人类只有同一的"数理化天地生"基础学科。

墨家辩学（中国古代逻辑的典型）跟全世界全人类共同的逻辑学科知识本质同一。《小取》是中国逻辑学的系统论文，以简明流畅的语言揭示了中国逻辑学的纲目。全篇论述用"辩"归类，后世称《墨辩》《辩经》。《晋书·隐逸传》载鲁胜《墨辩注序》，勾勒出中国逻辑学的传承谱系、元典和范畴。王国维等用"辩学"（"辨"通"辩"）名称，翻译西方逻辑学著作，也指称中国逻辑学，如郭湛波 1931 年出版的《先秦辩学史》。

中国文化的轴心时代春秋战国期间，诸子百家争鸣辩论，朴素科学认识有了进展，墨家在道儒名法杂诸家推动刺激下，在狭义《墨经》四篇和大小《取》共六篇（统称广义《墨经》）中，总结先秦诸子百家争鸣辩论和朴素科学认识的形式方法，形成了中国古代逻辑学体系。《小取》是其体系的原型架构、范本蓝图。

《小取》是中国古代罕见的逻辑学专论，是中国逻辑学的简明纲要，也是墨家"谈辩"逻辑学的教学大纲。"辩"是中国逻辑学原称。晋代鲁胜据此把《墨经》称为《墨辩》《辩经》。"墨辩"术语流传至今，兼指《墨辩》书名和"墨辩"学说名。今语"墨辩"即墨家逻辑学。

《小取》概括"辩"的认知功能，突出"辩"是正确的思维方法，探求真理的工具，标志"辩"在墨家逻辑学体系中的地位，是墨家逻辑学中标示学科名称的一级范畴。名、辞、说等分论，隶属"辩"的总名下，是标示思维论辩形式各部分的次级范畴。"以名举实，以辞抒意，以说出故"三命题，是辩学的结构定义，确认概念、命题和推理三论，是墨家逻辑学的基本内容，概括人类理性认识的基本形式，语言表达的工具手段。

墨家辩学相当于西方的 dialectic（辩论术）。在西方，辩论术 dialectic 曾长期兼作逻辑学的统称，一直到近现代才正式叫逻辑 logic。明末李之藻翻译的西方第一部逻辑著作《名理探》，原书名即 dialectic（辩论术）。

19 世纪末到 20 世纪初，中国把西方逻辑学翻译为"名学"（如严复《穆勒名学》《名学浅说》），"辩学"（王国维《辨学》，"辨"通"辩"）。"名"与"辩"来源于儒墨两家的逻辑学思想。前有"正名"（名学），后有"墨辩"（辩学），合称"名辩思潮"、"名辩思想"、"名辩之学"（名辩学）。研究中国逻辑史的专书有《先秦名学史》（胡适）、《先秦辩学史》（郭湛波）。后经章士钊等极力提倡，该学科名称逐渐确定为"逻辑"（逻辑学）。

《小取》开篇用"辩"概括思维论辩的理论学说，梁启超说："西语的逻辑，墨家叫做'辩'。"[①] 把墨家辩学跟

---

① 梁启超：《墨子学案》，商务印书馆 1921 年版，第 92 页。

西方逻辑学接轨。沈有鼎的《〈墨辩〉的逻辑学》1954—1955 年连载于《光明日报》，1980 年由中国社会科学出版社出版，改题《〈墨经〉逻辑学》。沈有鼎 1982 年 9 月 8 日通过研究所领导倪鼎夫寄给我他亲笔书写的自传稿，解释他这一修改理由是："由于'辩'字的一个意义是'逻辑学'，为了避免咬文嚼字的老先生把书名理解为'墨家逻辑学的逻辑学'。"①

不同民族有不同语言表述逻辑学。古希腊有亚氏逻辑，古印度有因明正理，中国古代有墨家辩学、荀子名学。近现代称墨家逻辑学为"辩学"，19 世纪末 20 世纪初把初引进的西方逻辑学也叫"辩学"。用"辩"为学科名，渊源于《小取》。

辩在《墨经》逻辑学范畴网状架构中处于最顶端地位，是整个《墨经》逻辑学范畴之网的总纲。辩在《墨经》范畴体系中的地位，如网上总纲；而名、辞、说范畴，如网上"众目"纽结，是位于"辩"总名下的次级范畴。

范畴是概括对象一般性质的最高类概念，有最大的

① 拙文《墨家逻辑研究的长期性——纪念沈有鼎诞辰百年》，《中州学刊》2009 年第 1 期。《中国社会科学文摘》2009 年第 5 期，以《沈有鼎先生的学术生涯》为题，摘录笔者附录"沈有鼎传记资料"。

普遍性，是人类认识和把握世界事物相互联系之网的纽结，是科学理论体系的基本概念和关节点。各门科学都有不同的范畴体系。一门学科领域出现大量系列范畴，相互联系、作用和影响，表明主体在该对象领域认识的深入成熟，标志该学科理论体系的建立和学科的独立存在。

在中国文化轴心时代战国时期产生的墨家著作《墨经》（约前3世纪），是墨家长期切磋琢磨，精心编纂的微型百科全书，其中有大量系列的各门科学范畴。借用黑格尔的话说，《墨经》中有一个"范畴的王国"。黑格尔在《哲学史讲演录》"中国哲学"部分中，根据他所接触到的有限材料，武断地说，中国哲学"没有能力给思想创造一个范畴〔规定〕的王国"，"中文里面的规定〔或概念〕停留在无规定〔或无确定性〕之中"，"中国人""好像是不能运用概念来思维的"。①《墨经》包含丰富范畴的事实证明，黑格尔的说法是错误的，是对中国哲学成就的低估。

《墨经》用定义、划分的方法，从内涵和外延，规定逻辑学、哲学、数学、物理、伦理等各学科的众多范畴，

① 〔德〕黑格尔：《哲学史讲演录》，第1卷，生活·读书·新知三联书店1956年版，第128、132页；第2卷，生活·读书·新知三联书店1957年版，第275页。

总量有四百多个。仅《经上》一百条，每条至少有一范畴被规定。如第一条是对"故"（原因、根据）范畴的定义和举例，第二条是对"体"（部分）范畴的定义和举例。紧接着对"知"（认识能力、感性认识、理性认识等含义）、"虑"（思考）等范畴作出规定。加上《墨经》的其他各篇，被规定的范畴过百，数量惊人。近百年来学者经过研究，发现其中逻辑范畴占绝大多数。这些逻辑范畴有不同层级，包括辩、名、辞、说、故、理、类等基本逻辑范畴。《墨经》说明了这些范畴的实质和相互联系，有助于后代的读者认识中国逻辑学的内容、性质、体系和价值。

逻辑学是研究思维形式及其规律的科学。在古代中国和印度，曾产生过类似西方逻辑的名辩和因明，但都没有得到充分发展。西方传统逻辑学从古希腊亚里士多德首创，经由中世纪和近代，得到充分发展。西方逻辑学与主要渊源于西方的"数理化天地生"各类基础学科一样，奠定了全人类科学知识大厦的基础。逻辑学有跟"数理化天地生"等基础学科同类的科学性质。充分发展的西方逻辑学是对全人类都适用的共同学科知识。汉语"逻辑"是英文 logic 的音译，logic 源于希腊文 logos（逻各斯），原意是思想、言词、理性、规律。汉语的"逻辑"一词首见于20世纪初严复译《穆勒名学》（南京金粟斋 1905 年木刻，商务印书馆 1912 年版）。

逻辑学的基础性、工具性和全人类性是全世界认同的。逻辑是一切学科知识的基础。人类一切知识领域的思维活动都要应用逻辑，都离不开逻辑。逻辑是人类正确思维和有效交际的普遍工具。人类的一切思维认识、交际表达都遵守逻辑，以逻辑为工具。逻辑是全人类普遍适用的知识学科，不为某个民族、地区所专有。世界不同民族、地区，语言千差万别，却依据同一个逻辑。逻辑是全人类共有的精神财富，不以任何民族、地区语言的特殊性为转移。

逻辑在中国古代叫名辩，是研究语言表达和辩论技巧的学问。在印度古代叫因明，是研究推理论证的学问。逻辑在中国、印度和西方历史上，都有源远流长的研讨传播史，这一事实确凿地证明，逻辑是具有全人类性的基础学科。全人类都应用本质相同的逻辑，犹如全人类都应用本质相同的"数理化天地生"基础学科。全人类都需要本质相同的逻辑，犹如全人类都需要共同的日光、空气和清水。

有人错误地否认逻辑的普遍性和全人类性，认为全人类没有共同的逻辑，"不同民族有不同的逻辑"，中华民族可自外于人类文明的康庄大道，有"本质不同的特殊逻辑"。这种荒谬偏狭的"民族逻辑观"，是违背人类文化史和科学史事实的不经之谈。

全世界全人类公认的基本事实，是"数理化天地生"六种学科属于基础学科，逻辑有跟"数理化天地生"六种基础学科同样的性质。逻辑和"数理化天地生"都属于相对于各种技术科学的基础学科。[①]

诸子著作《墨经》《荀子·正名》和《公孙龙子·名实论》等，包含研究名、辞、说（概念、判断、推理）形式、规律和方法的共同学术体系，是诸子百家争鸣辩论和朴素科学认识的共同工具，其中贯穿着全人类共同遵守的同一律、矛盾律等逻辑基本规律。中国逻辑体系《小取》总名为"辩"，荀子和公孙龙叫"正名"，晋代鲁胜称"墨辩"，近代学者叫名辩，这些都是中国逻辑学。

借鉴希尔伯特元数学纲领和塔尔斯基语言层次论的观点，当今中国的古代逻辑学研究，是属于元（后设）研究。用发达完善的西方逻辑学方法，从事中国古代逻辑学研究，可促进中国古代逻辑学的现代转型，以及中西逻辑学兼容，使中国古代逻辑学转换为现代人易于理解运用的知识形态，继续发挥其为现代人类服务的积极作用。

《荀子·正名》说："凡同类同情者，其天官之意物也同，故比方之疑似而通。"同是人类，有同一本性，同一

---

① 拙撰《逻辑学》第三版第一章，中国人民大学出版社 2014 年版，第 6 页。

认识器官（眼耳鼻舌身脑），面对同一世界，必然有同一逻辑。人类逻辑学本质相同，不同表述是现象，简称"逻辑一元，表现不同"，这是逻辑学的一元多表论。"元"指本元、根源、本质。"表"指表述、表现、现象。中国古代逻辑学用古汉语自然语言表述，没有用人工符号语言作逻辑变项，构造形式化公理系统，没有用西方常说的"同一律""矛盾律"等术语，但这丝毫不能改变全人类遵守共同逻辑学的事实。

二、语词概念细分析，概念明确用名正

黑格尔有一句错话说："中国人是笨拙到不能创造一个历法的，他们自己好像是不能运用概念来思维的。"[①]这是海外奇谈，不合事实和道理。从道理说，人与动物的区别，是人能用概念思维而动物不能。语词指号（声音、笔画）的信号系统和概念的抽象理性思维形式，只有人才有，动物没有，动物只有与本能（进食繁殖等）相联系的信号系统。从事实说，中国人自古有发达的物质和精神文明，有数千年文明史，有与农业生产规律相适应的历法（农历），这种历法虽屡经修订但至今沿用。太初元

——————

① 〔德〕黑格尔：《哲学史讲演录》第2卷，生活·读书·新知三联书店1957年版，第275页。

年（前104）汉武帝命司马迁等人制订历法，颁行《太初历》，正月是岁首，这是中国第一部完整历法。中国人有浩如烟海的文化典籍。仅乾隆年间编的《四库全书》和近代编的《四部丛刊》两部特大型丛书，就有十一亿字。经史子集四大类图书，可证中国人同西方人一样，"能运用概念来思维"。

《墨经》是"运用概念来思维"的典范，有丰富深刻的概念理论和范畴体系。《墨经》的概念论涉及名（语词概念）的性质、作用和种类，列举解释成百个科学、哲学范畴，是中国逻辑学概念论的宝库。

"名"是中国古代逻辑学基本术语，相当于语词概念。墨家辩学和荀子名学，都以"名辞说辩"作为思维表达的基本形式。"名辞说辩"相当于今语概念、命题、推理和论证。这跟逻辑学的概念论、命题论和推理论架构恰相对应。

"名辞说辩"密切联系，相辅相成，构成思维表达的有机整体。语词概念是思维表达的基本单位。概念是思维的细胞。正确思维，有效表达，包含恰当构造命题，合乎逻辑推论，这些都依赖于准确运用概念，学会运用概念的艺术。

概念艺术非天生，后天学习才掌握。孔子在春秋末期率先提倡"正名"。《论语·子路》载孔子说："名不正则言不顺，言不顺则事不成。""君子于其言，无所苟而已矣。"语词概念不正确，言语说话就不能顺理成章；言语说话不能顺理成章，事情就办不成。君子对自己的言语说话，一点都不能马虎苟且。

战国时，诸子百家接续孔子，竞相提倡"正名"。墨家猛烈非儒，《墨经》传承孔子主张，把"正名"提高到思维规律（同一律、矛盾律）高度，构成墨家逻辑学重要内容。荀子撰《正名》，系统总结儒家和诸子百家"正名"论，形成有儒家特色的概念论逻辑学，即荀子名学。

近代中国思想家用辩学、名学称呼引进的西方逻辑学。王国维译《辨学》（先秦到清"辨""辩"通假），北平文化书社 1908 年版，原书名直译应为《逻辑基础教程：演绎与归纳》（*Elementary Lesson in Logic: Deductive and Inductive*，W. S. Jevons，1870）。

严复译《穆勒名学》，金陵金粟斋 1905 年木刻，原书名直译应为《逻辑体系：演绎与归纳》（*A System of Logic: Ratiocinative and Inductive*，J. S. Mill，1843）。严复译《名学浅说》，商务印书馆 1909 年版，原书名直译应为《逻辑初级读本》（*Primer of Logic*，W. S. Jevons，1876）。

1915—1917 年，胡适在美国哥伦比亚大学哲学系攻读博士学位，用英文撰写博士论文，原题是：The Development of the Logical Method in Ancient China（中国古代逻辑方法的发展），胡适自署中文题为《先秦名学史》。所谓名学即中国古代逻辑方法。该书英文版 1922 年由上海亚东图书馆出版，中译本有学林出版社 1983 年版。

"名"在中国古代逻辑学中占重要地位。名实关系在整个战国时期是各学派普遍持久、激烈争辩的大题目。名是语词概念，是思维论辩的细胞、元素和构成单位。墨家总结先秦诸子百家辩论的经验，极重视"名"的范畴。《墨经》系统论述"名"的实质、种类和谬误，形成"名"范畴的系统理论。

在商周甲骨文金文中，"名"这个会意字由"夕""口"两部分合成。"夕"模拟月牙，状表黑夜；"口"模拟口部，状表说出名称。两部分合为"名"表在黑夜，眼睛视物不清，需用口说名称，区分对象。《说文》："名，自命也，从口从夕。夕者冥也，冥不相见，故以口自名。"段注："从口夕。夕者冥也，冥不相见。冥，幽也。故以口自名。故从夕口会意。"联系"名"的字形结构分析字义，可知"名"的表意、指谓和交际功能。"名"即说出名称语词，指谓对象，反映实际事物，形成抽象概念，认知世界，交流思想。[①]

"名"是逻辑学的重要范畴，《墨经》有多条概括

---

① 拙著《中国逻辑史》（先秦），中国人民大学出版社 1987 年版，第 26 页。

"名"的实质、种类和用名规律。《小取》说："以名举实。"这是名的实质定义。"以名举实"有以下两种意义。第一，从语言层面说，是用语词列举实体。第二，从思维层面说，是用概念反映实质。语言和思维是一体两面，互相兼容，互不排斥。《经上》说："举，拟实也。言，出举也。"《经说上》说："告以之名，举彼实也。故言也者，诸口能之，出名者也。名若画虎也。言，谓也。言由名致也。""举"："拟实"。"拟"：模拟，摹写，反映。"实"：实体，实质，实际。这是反映论的认识论。"言"："出举"，用概念反映实际事物，使思维通过语言得以实现。

《墨经》中体现出的语言论、符号论、符号学，跟思维论、认识论、概念论是一体两面，密不可分。知其一，不知其二，是片面性谬谈。"告以之名，举彼实"：用口称说某个名称语词，是用名称语词列举客观外界那个实物，这是符号论和概念论的结合，是主观反映客观的反映论认识论。"言也者，诸口能之，出名者也。名若画虎也"：语言是人类口部的功能，人能够说出名称语词，名称语词具有标举外界事物的功能，就像写一个象形文字"虎"摹写反映真虎。甲骨文、金文的"虎"字形，是真虎状貌特征的素描画。"言，谓也"：语言的功能，是指谓、陈述、述说外界事物。"言由名致也"：称谓陈述事物的言辞语句，由名称语词联结构成。《经说上》说："声出口，俱有名。""声"即"言"。人只要一开口说话，都包含语词概念。

在名（语词、概念）和言（语句）的关系上，墨家认为名对实的反映作用，是通过一系列语句来实现的。从结构上说，语句是由名联结而成的。从认识作用上说，名对实的反映靠语句对事物的列举指谓实现。利用名和言认识事物，表达感情，进行交际，指导行动，是人类的特质。

名的作用是列举实际事物。列举是摹拟，即《小取》所谓"摹略"（反映、抽象、概括）。列举、摹拟、摹略，是人的意识对外界事物的认识作用。列举、摹拟、摹略，实质上是概念、范畴的抽象概括作用。这种抽象概括作用需要通过语言实现。表达概念范畴的"名"（语词），通过口说出。用"摹拟"定义"列举"，拿图画比喻概念范畴对事物的反映作用，表明墨家概念论是以能动反映论的认识论为基础的。

《大取》说："名，实名。实不必名。"名称是实体的名称，而有实体则不一定有名称。这是科学的观点。告诉你这个名称，列举那个事实，语言是人们用口说出名称，表明名称，体现了语言的指谓和交际作用。指谓和交际是语言的两大功能。

墨家从事物、语言和意义（人的意识对事物列举、摹拟、摹略的结果）三者关系上，说明名的性质和作用。名称（语词、概念）是语言的构成元素，是推论式的细胞，逻辑学研究以概念论为必要成分。

《经说上》："声出口，俱有名。""声"即"言"，"言为心声"。这接近黑格尔说"人只要一开口说话，在他的话中就包含着概念"，人注定跟语词、概念打交道，说明语词、概念运用的普遍性。《经说上》说："若姓字丽。"即"名""言"与事物的关系，犹如姓名后面跟着一个人（姓名附属于人），名实并存。

名有指谓作用。《经上》："谓：移、举、加。"《经说上》："谓犬'狗'，命也。'狗犬'，举也。叱：'狗！'加也。"称谓有命名、列举和附加感情因素等用法，把犬叫作"狗"，是命名。用"狗"这一命名，做一个命题的主项，说："狗是犬。"这是列举，是用已命之名"狗"，指称被命名的实体"犬"。斥责一声："狗！"这是附加感情因素。同一个语词"狗"，在不同语境有不同用法。这种研究在近代西方属于语义学（研究语言符号与对象的关系）和语用学（研究语言符号与对象和使用者的关系）的范畴。

名首先是名称语词，如"马"，是语言指号。研究语言指号的学问，叫指号学（Semiotics）。指号学有三个分支：第一，语形学（Syntax），研究指号与指号的关系；第二，语义学（Semantics），研究指号与对象的关系；第三，语用学（Pragmatics），研究指号与使用者的关系。名（名称语词）的指谓和交际功能，是语义学和语用学的研究对象。用名（名称语词）指谓实际对象，是语义学的应有之义。名正则言顺，言顺则事成，涉及名（名称语词）的交际功能，是语用学的应有之义。

与"指"相比较，"名"有抽象概括作用。"指"即用指头指着实际事物说，相当于"实指定义"。比如一个人不认识鹤，于是指着鹤的实体或标本说："这是鹤。"《经说下》："或以名示人，或以实示人。举友富商也，是以名示人也。指是鹤也，是以实示人也。"我的朋友某某不在眼前，我利用现成的概念说："我的朋友某某是富商。"这是给"我的朋友某某"的主项加以"富商"的谓项，是用一般概念使人了解。指着面前的一种鸟说："这是鹤。"这是把实体、实物展示给人看。"名"是脱离个别事物的一般概念，"指"是不脱离个别事物的感性直观。

《经下》："所知而弗能指，说在春也、逃臣、狗犬、遗者。"《经说下》："春也，其死固不可指也。逃臣，不知其处。狗犬，不知其名也。遗者，巧弗能两也。"有些知识只能用概念表达，不能用手指着说。如名叫"春"的女仆因病死了，不在人间，无法指着说。逃亡的奴仆，不知他现在哪里，无法指着说。小孩子不知道狗、犬的名称，必须分别解释，仅用手指指着实物，区分不出这两个名称。遗失的东西不能指着说，即使能工巧匠，也很难造出与原物完全同样的实物。

科学概念范畴，通过心智抽象概括作用获得。《经下》说："知而不以五路，说在久。"《经说下》说："以五路知久，不当以目见。若以火见。"有些知识的获得，不是直接通过五种感官（眼耳鼻舌身），而是通过心智的抽象、概括作用。五种感官所提供的经验是形成抽象知识的条件。"时间"概念的获得，是通过概括作用。五种感官的经验是认识时间概念的条件，犹如光线是见物的条件，不是见物的器官。见物的器官是眼睛。所以"以五路知久"，不相当于"以目见"的"以"字，而相当于"以火见"的"以"字。意思是"五路"（五种感官）是认识时间概念的条件，心智是认识时间概念的器官。《经上》对"久"（时间）的定义是"弥异时"，即概括各种不同的具体时间，如古今旦暮。感官只能感知个别的时间，思维才能抽象一切时间的共同性质（普遍本质），用语词"久"概括，成为"时间"的哲学范畴。《墨经》中的各门科学、哲学范畴，都是通过心智理性抽象概括而获得的。

名兼具语词和概念的双重含义。中国古代没有"概念"的术语，但不等于没有概念。1921年梁启超出版《墨子学案》，把《小取》"以名举实"对应于"概念 concept"。"概念"的术语，是日本学者在明治维新时期用汉字对英文 concept 的翻译。"概念"译名，通俗易懂，一看用字，就知意思，符合《荀子·正名》"径易而不拂，谓之善名"的"正名"原则，很快流行于日本和中国，成为学界普遍采用的术语。

"概念"，顾名思义，是概括性的观念。"概"：概括。"念"：念头，意念，思想，思维。概括是把握事物性质时，抽取一部分，排除一部分。"概"：中国古代本义指量粟米时用来刮平斗斛的木板用具，或刮平的动作。《韩非子·外储说左上》："概者，平量者也。"引申为刮平，削平；又引申为大略，大体，大概。"括"：包括，包容。贾谊《过秦论》有："包举海内，囊括四海。"

用思维认识来概括事物性质，抽取部分，叫"抽象"。"抽象"的术语是日本学者对英文 abstract 的翻译。英文 abstract：提取，抽取，分离，引申为抽象。"抽"：抽取。"象"，也写作"相"，指事物的性质。事物的特殊性质，叫"殊相"；事物的普遍、一般、共同性质，叫"共相"。"抽象"：抽取性质。"科学抽象"：抽取事物的本质属性。如对"人"的性质进行抽象，说人会制造工具，会劳动，有理性，有语言，有道德等，形成人的概念，舍弃人的非本质属性，如人的性别、肤色等。舍弃非本质属性叫"舍象"。

对事物性质进行抽象概括的结果是形成概念。概念是人脑抽象概括的意念。形成和运用概念，叫抽象思维、理性思维、理论思维、逻辑思维。概念是理性认识的形式，是抽象的思想、意念、意识。概念这种抽象思想，借助语词凝结和表达，储存认知的结果，以进行信息的交流和交际。概念是抽象思想，不能用感官感知，只能下定义，用语言说出来，让人了解。语词是用声音和笔画构成的语言单位，声音可以听见，笔画可以看见，盲文可以触摸。借助可感知的语词，可以了解抽象概念。"名"的基本含义是语词和概念。语词和概念是对立统一的整体，是一个统一体的两个侧面。语词和概念是表里关系。语词、语言是表，是思维的物质外壳；概念、意识是里，是思维的思想内容。

瑞士语言学家索绪尔把语词指号比作一张纸。纸的一面，是声音意象，包括声音的听觉形象，笔画组合的视觉形象，是意谓者。纸的另一面，是概念的内容，是被意谓者。索绪尔认为，语词指号是由声音意象和概念组成的精神实体。不可能去掉一张纸的一面，而不同时毁坏另外一面。同样地，在语词指号中，声音是不能够同概念（意义）分开的。[①] 对"名"即语词和概念，可从语言学和逻辑学两面研究，运用指号学和概念论两种方法。方法运用，

---

① 〔波兰〕沙夫：《语义学引论》，商务印书馆 1979 年版，第 200 页。

由对象性质决定。说"名"中有概念，不否定"名"是语言指号；说"名"是语言指号，不否定"名"中有概念。用指号学和概念论两种方法分析"名"，并行兼容。

三、墨家反儒有分析，汲取儒家正名语

"正名"：矫正语词概念，把概念搞正确，表达逻辑同一律。孔子首倡"正名"。《论语·子路》："必也正名乎"，"名不正则言不顺"。战国诸子百家都谈论"正名"。墨家从纯逻辑上讨论"正名"的原则，实际上是表达逻辑同一律。"正"：矫正，匡正，纠正，改正。"名"：语词、概念。从语言的形式、单位说，是语词；从思维的形式、单位说，是概念。

《经说下》说："正名者。"《经说下》说："正名者，彼彼此此可：彼彼止于彼，此此止于此。彼此不可彼且此也。彼此亦可：彼此止于彼此。若是而彼此也，则彼亦且此此也。"在研究把概念搞正确的规律时，应注意以下三种情况。第一，"彼彼此此可"：那个"彼"之名，要确定地指称"彼"之实；这个"此"之名，要确定地指称"此"之实。如"牛"名指牛实体，"马"名指马实体。第二，"彼此不可"："彼此"的集合概念，不能仅单独地指称"彼"之实或"此"之实。如"牛马"的集合名词不能仅单独地指称"牛"之实或"马"之实。第三，"彼此亦

可"："彼此"的集合概念，要确定地指称"彼此"的集合体。如果"是"与"彼此"的不同概念，可以混同，那么"彼"与"此此"的不同概念，也可以混同，这当然是不对的。如"牛马"的集合名词，要确定地指称"牛马"的集合体。如果"羊"与"牛马"的不同概念，可以混同，那么"牛"与"马马"的不同概念，也可以混同，这当然是不对的。这是用归谬法，说明违反同一律会带来逻辑混乱。

指认：实指定义。《经说下》说："或以名示人，或以实示人。举：'友，富商也。'是以名示人也。指是鹤也，是以实示人也。'尧之义也'，是声也于今，所义之实处于古。"让人了解事物有两种方法，一种是说出名词语句，让人了解，另一种是把实际事物展示给别人，让人了解。说："我的朋友是富商。"这是说出名词语句，让人了解。指着眼前这个动物说："这是鹤。"这是把实际事物展示给别人，让人了解。说："尧是仁义的"，这个语句是今天说的，而"尧是仁义的"这句话所指的实际是处于古代。"指是鹤也，是以实示人也"，指着眼前的动物说："这是鹤。"把实际事物展示给别人，让人认知，这是逻辑学上的实指定义方式。

《经下》说："所知而弗能指，说在春也、逃臣、狗犬、遗者。"《经说下》说："春也，其死固不可指也。逃臣，不

知其处。狗犬，不知其名也。遗者，巧弗能两也。"有些
所知道的，不能用手指指着说（下实指定义），如死去的
女奴春、逃亡的臣仆、狗犬这两个语词的识别定义、遗失
不见的宝物。春这个女奴已经死了，本来不能用手指指着
说。同样，逃亡的臣仆不知道他在哪里；儿童不知道狗犬
这两个语词的识别定义；遗失的宝物，再巧的工匠也不能
造出两个完全一样的来：这些都不能用手指指着说（下
实指定义）。这是说实指定义认知方式的局限性，因此需
要进一步运用抽象概念范畴的认知方式。"春"：女仆名。
《经说下》："臧也今死，而春也得之，之死也可。""臧"：
男仆名。

四、概念划分达类私，一般特殊和个体

《经上》说："名：达、类、私。"《经说上》说："物，
达也，有实必待之名也命之。马，类也，若实也者必以是
名也命之。臧，私也，是名也止于是实也。""达名"是范
畴，是外延最大的名。如"物"，指称宇宙所有存在的实
体。"类名"是一般类概念，普遍概念，其外延介于"达
名"和"私名"之间。如"马"，指称具有共同性质的一
类事物。"私名"是单独概念，专有名词。如"臧"，外
延最小，指称个别事物。这是根据外延划分"名"的种
类。"达、类、私"三种"名"，是外延由大到小依次排

列的属种关系。这种区分是正确演绎推论的基础、起点和前提。"达名"：最高类概念，范畴。"类名"：一般类概念。"私名"：单独概念，专有名词，指称个体。

五、概念划分二分法，是否形貌命实体

《大取》说："以形貌命者，必知是之某也，焉知某也。诸以形貌命者，若山丘室庙者皆是也。不可以形貌命者，虽不知是之某也，知某可也。""以形貌命者"指实体和具体概念。"不可以形貌命者"指抽象、属性和关系概念。这是根据内涵，划分概念的种类。以形貌命者是实体和具体概念，这种概念必须知道它反映的是什么对象，才能了解。如山丘室庙，都有各自对应的实体。不可以形貌命者是抽象、属性和关系概念，这种概念虽然不知道它反映的究竟是什么对象的性质或关系，也可以了解它。如黑、白、大、小，并没有各自对应的实体，而是概括实体的一般性质，反映实体之间关系的概念。

属性和关系有不同。《大取》："苟是石也白，败是石也，尽与白同。诸非以举量数命者，败之尽是也。是石也虽大，不与大同，是有使谓焉也。"属性概念带有绝对性，它不依赖于跟别的事物相比较，而本身就是如此。说这块石头是"白"的，这"白"不依赖于跟别的事物相比较，本身就是"白"的。"白"的性质渗透于石头的每一颗粒。

把这块石头打碎，它的每一颗粒都是"白"的。"诸非以举量数命者"，指属性概念。所谓"败之尽是也"，指把一块坚硬石头打碎，每一小块仍是坚硬的。关系概念带有相对性，它依赖于跟别的事物相比较，才是如此。说这块石头"大"，是有小石头作参照物（"是有使谓焉也"）。如果把这块大石头打碎，不能说每一部分仍是"大"的。所谓"举量数命者"，是指"大""小""多""少"这种数量方面的关系概念。

《大取》："诸以居运命者，苟人于其中者皆是也，去之因非也。诸以居运命者，若乡、里、齐、荆者皆是。"这是从"不可以形貌命者"中，特别划分一种"以居运命者"，反映空间范围的概念。如乡里齐楚，指人在一个空间范围内居住和运动，一旦离开那里，就不再属于那个空间范围。某人生长于齐，算齐人，后来离齐迁楚称楚人，不再是齐人。

六、集合元素有不同，兼名体名有分析

"兼名"指集合概念，"体名"指元素概念。《经下》说："牛马之非牛与可之同，说在兼。""说在兼"意即"牛马非牛"命题的正确性在于把"牛马"理解为"兼名"（集合概念），相对而言，"牛马""兼名"（集合概念）中的元素概念"牛"和"马"是"体名"。《经上》说：

·86·

"体，分于兼也。"《经下》说："区物一体也，说在俱一、惟是。"《经说下》说："俱一若牛、马四足。惟是当牛马。数'牛'、数'马'，则'牛'、'马'二。数'牛马'，则'牛马'一。若数指，则指五而五一。"

名区分为反映整体的"兼名"（集合概念）和反映部分的"体名"（相当于元素概念）。当人把事物区划为不同的整体时，会遇到集合和元素这两方面的性质。解释"俱一"的例子，如牛、马每一个元素分别都是"四足"。"惟是"说的是"牛马"这一集合概念所具有的整体性质。就像数指头，从元素方面说，一只手的指头有五个，而从集合方面说，"五指"的集合只有一个。其元素（部分）具有的性质，集合作为整体不一定具有；集合作为整体具有的性质，其元素（部分）也不一定具有。需要具体分析。《经说下》说："牛不二，马不二，而牛马二。则牛不非牛，马不非马，而'牛马'非'牛'、非'马'。"元素概念"牛"不是两个元素，"马"不是两个元素，而集合概念"牛马"是两个元素。于是"牛＝牛，马＝马，牛马≠牛，牛马≠马"的公式成立。

七、思维表达要清晰，概念明确是目的

"明"：察明，辩明，说明，证明。逻辑学概念是为了思维认识明确。《小取》说："夫辩者，将以明是非之

分，审治乱之纪，明同异之处。""譬也者，举他物而以明之也。""盗人，人也，多盗，非多人也，无盗非无人也。奚以明之？恶多盗，非恶多人也；欲无盗，非欲无人也。世相与共是之。若若是，则虽盗人人也，爱盗非爱人也；不爱盗非不爱人也；杀盗非杀人也，无难矣。此与彼同类，世有彼而不自非也，墨者有此而非之，无也故焉，所谓内胶外闭与心毋空乎？内胶而不解也，此乃是而不然者也。""杀盗人非杀人"：杀谋财害命的武装盗匪，属正当防卫，出于不得已，不犯无故杀人罪。

《大取》说："立辞而不明于其所生，妄也，今人非道无所行，虽有强股肱，而不明于道，其困也，可立而待也，夫辞以类行者也，立辞而不明于其类，则必困矣。"建立一个论题，而不明白它所由以成立的充足理由，那就有可能虚妄不实。推论过程如果没条理，犹如没有道路而无法行走，虽有强健的肢体，但如果不明道路，困难马上就到来。论题要根据事物的类别关系推引出来，建立一个论题，而不明白它由以推引的类别关系，则必然遭遇困难。

《经说上》说："知也者所以知也，而不必知，若明。"认知能力是人凭借它来认知事物的能力。但仅有认知能力，还不一定能求得知识。譬如人有明亮的眼睛，健全的视力，还不一定能看见东西。《经上》说："恕，明也。"

《经说上》说："恕也者以其知论物，而其知之也著。若明。"理性认知是清楚明白的认识。理性认知是用人的认知能力分析整理事物，而能获得显著透彻的认知。如人用心观察，把事物看明白。

《经上》说："说，所以明也。"推论用来说出根据，讲明道理。《经说上》说："夫名以所明正所不知，不以所不知疑所明。"所谓概念和推论，是以已经明白的知识为标准，衡量还不知道的东西，而不能以还不知道的东西为根据，怀疑已经明白的东西。

《非攻下》说："子未察吾言之类，未明其故者也。彼非所谓攻，谓诛也。"《天志中》说："此吾所谓君子明细而不明大也。""此其故何？则圆法明也。匠人亦操其矩，将以量度天下之方与不方也。曰：中吾矩者谓之方，不中吾矩者谓之不方。是以方与不方，皆可得而知之。此其故何？则方法明也。"《非命上》说："故当执有命者之言，不可不明辨。""然则明辨此之说将奈何哉？子墨子言曰：'必立仪，言而毋仪，譬犹运钧之上而立朝夕者也，是非利害之辨，不可得而明知也。'"《非儒下》说："言明而易知也，行明而易从也，行义可明乎民。"言论明白而容易认知，行动明白而容易跟从，实行道义可让民众明白。

八、语句命题和判断，恰当可信是标的

"辞"：语句，命题，判断，推理的结论，论证的论题。它是中国古代逻辑学术语。《小取》说："以辞抒意。"即用语句表达判断。"抒"：抒发，表达。"意"：心意，判断，命题。《经上》说："循所闻而得其意，心之察也。执所言而意得见，心之辩也。""通意后对，说在不知其孰谓也。""信，言合于意也。"

命题是组合反映不同实体的名称，表达完整意思。命题是表达判断的语句，有断定和真假可言。断定是对事物的认知，真假是对认知是否符合实际的评价。语句是表达完整意思的基本语言单位。语句是语言的区划，连缀字词，构成各自分别的单位。

说话、写文章，都是用字造句，积句成章，积章成篇。全篇光彩，是因为每章没有瑕疵。章节明丽，是因为每句没有毛病。语句优美，是因为每字都不乱用。命题语句是语言的细胞。命题、语句和判断恰当，才能构造合乎逻辑的篇章。语句是构成文章的基础。作品由字而句，由句而章，积章成篇。文章结构严密，有条不紊，就要一句不苟，一字不妄。

《大取》说："夫辞以故生，以理长，以类行者也。立辞而不明于其所生，妄也。今人非道无所行，虽有强股

肱，而不明于道，其困也，可立而待也。夫辞以类行者也，立辞而不明于其类，则必困矣。"《小取》说："譬侔援推之辞，行而异，转而诡，远而失，流而离本，则不可不审也，不可常用也。"

九、全称特称需分清，逻辑意义有不同

1. 尽：都，所有。全称量词，表全称命题。《经上》说："尽，莫不然也。"《小取》说："或也者，不尽也。"《经上》说："见：体、尽。"《经说上》说："特者，体也。二者，尽也。"《经下》说："以言为尽悖。"《经下》说："一法者之相与也尽类。"《经说下》说："方尽类。""尽类犹方也。"《经上》说："同长，以正相尽也。"《经说上》说："尺与尺俱不尽。端与端俱尽。尺与端或尽或不尽。坚白之撄相尽。体撄不相尽。"

《经说下》说："南者有穷则可尽，无穷则不可尽。有穷、无穷未可知，则可尽、不可尽未可知。人之盈之否未可知，而必人之可尽、不可尽亦未可知，而必人之可尽爱也，悖。（以上引难者语）人若不盈无穷，则人有穷也，尽有穷无难。盈无穷，则无穷尽也，尽无穷无难。"《经下》说："不知其数而知其尽也。"《经说下》说："不知其数，恶知爱民之尽之也？（以上引难者语）或者遗乎其问也。尽问人，则尽爱其所问。若不知其数而知爱之尽之

也。"《经下》说："推类之难，说在之大小、物尽。"《经说下》说："谓四足，兽与？并鸟与？物尽与？"《经下》说："价宜则售，说在尽。"《经说下》说："尽也者，尽去其所以不售也。"《大取》说："知是世之有盗也，尽爱是世。知是室之有盗也，不尽恶是室也。知其一人之盗也，不尽恶是二人。虽其一人之盗，苟不知其所在，尽恶其非也。""败是石也，尽与白同。"

2. "俱"：全，都。全称量词，表全称命题。《经上》说："同，异而俱于之一也。"《经说上》说："二人而俱见是楹也。"《经说上》说："俱止、动。"在一个论域中，说"所有的个体都停止"，"所有的个体都运动"。"俱"：与"尽"同义，意为"所有的"。《经说上》说："尺与尺俱不尽。端与端俱尽。"这一直线与那一直线交叉，二者都不完全重合。这一点与那一点迭合，二者完全重合。"尽"：完全重合。

《经说上》说："意、规、圆三也，俱可以为法。"《经说上》说："是不俱当。"《经说上》说："声出口，俱有名。"凡语言从人口中说出，里面都一定包含着语词概念。"俱处于室，合同也。"共同处于同一空间是"合同"。《经说上》说："兄、弟，俱适也。"兄弟三人中的老二，说他是兄或弟都合适。《经说下》说："谓四足，兽与？并鸟与？物尽与？大小也。此然是必然，则俱为麋。"说到"四足"，能够断定是兽呢？还是两鸟相并而立呢？甚至于说万物尽是如此呢？这就牵涉到"四足"范围大小的问题。若见甲四足是麋，乙四足是麋，就说所有四足都是麋，丙是四足，就说丙必定是麋，甚至于说万物尽是（俱是）麋，岂不荒谬？

《经下》说："不可偏去而二，说在见与不见、俱一与二。"《经说下》说："俱一无变。"《经下》说："区物一体也，说在俱一、惟是。"《经说下》说："俱一若牛马四足。"《经说下》说："鉴、影当俱，就、去亦当俱，俱用背。鉴者之容，于鉴无所不鉴。影之容无数，而必过正。故同处，其体俱然鉴分。"《经说下》说："俱无胜。"《经说下》说："取、去俱能之。"《经说下》说："段、锤、锥俱事于屡。"《经说下》说："方尽类，俱有法而异，或木或石，不害其方之相合也。尽类犹方也，物俱然。"《经说下》说："是俱有。"

3. **"或"：有，有的**。特称量词，表特称命题、存在命题。《小取》："或也者，不尽也。""或"这个特称量词定义是"不尽"，不是全部。《经说上》"不俱当，必或不当"，"不尽当"：并非所有都恰当，等值于"或不当"：有的不恰当。《经说上》："尺与端或尽或不尽。"

"或"在语法上作为副词，可译为"也许""或许"，表可能、推测，逻辑上表可能命题、或然命题。语法上作为连词，可译为"或者"，表选择，逻辑上表选言命题。语法上作为连词，还可译为"假如""假设""如果"，逻辑上表条件命题、假言命题。以上意义，逻辑值不是"非此即彼"的排斥关系，是"亦此亦彼"的相容关系，等值互通关系，翻译时可因具体语境而异。

《小取》说："马或白者，二马而或白也，非一马而或白。"说"马或白"（有马白），是在至少有两匹马的情况下才可以说，如果在只有一匹马的情况下，就不能说。《经说下》说："或者欲有不能伤也，若酒之于人也。"有些欲望的满足，不会伤生损寿，如少量喝酒不会对人体有害。《经说下》说："或伤之。"《经下》说："合，与一或复否。"《经说上》说："时或有久，或无久。始当无久。"《经说下》说："其体或去或存。"

《经说下》说："或以名示人，或以实示人。"《经说下》说："或木或石，不害其方之相合也。"《经说下》说："使人夺人衣，罪或轻或重。使人予人酒，功或厚或薄。"《小取》说："夫物或乃是而然，或是而不然，或不是而然，或一周而一不周，或一是而一非也。"《公孟》说："此同服或仁或不仁。"

4. **有：存在**。特称量词，表特称命题。在一论域中，断定"至少存在部分个体是如此"。公式："有 S 是 P。""有"作特称量词，表特称命题。《经说上》说："以人之有不黑者也，止黑人。"用"有人不黑"驳倒"所有人黑"。用"有 S 不是 P"驳倒"所有 S 是 P"。公式：SOP→¬SAP（读作：有 S 不是 P，所以，并非所有 S 是 P）。《经下》说："有知焉，有不知焉。"《经说下》说："欲有不能伤也。"《大取》说："有（友）有于秦马，有（友）有于马也。"至少有一匹秦马为我的朋友所有，就是至少有一匹马为我的朋友所有。《小取》说："有乘于马。"

十、时间模态需分清，实然或然有不同

"已"：已经。过去时间模态词，表实然命题。实然：确实如此，反映确实发生的事实。用过去时（完成式）模态词"已"（已经）。模态是英文 mode 的音译，是一种命题形式。模态命题表示断定的程度、样式、方式。《经说上》："自后曰已。"在一事物过程已经完成之后表述，使用过去时间模态词"已"。"已"（含"已然""尝然"），相当于现代汉语"已经""曾经"，表过去时态，是实然命题。

《经上》说："已：成；无。"《经说上》说："为衣，成也。治病，无也。"过去时模态词"已"的用法有两种：一种表建设性，如"已经制成一件衣服"；一种表破坏性，如"已经找到病源，消除病根"。

"以已为然"的逻辑谬误：不能从过去已经（曾经）

如此，就说现在仍然如此。《经说下》说："知与？以已为然也与？过也。"《经说下》说："过而以已为然。"以过去已经（曾经）如此为根据，从而说现在也是如此。"已然则尝然"：已经如此，即曾经如此；过去时间模态词，表实然命题。"已然则尝然"："已然"即（等值于）"尝然"。"已然"＝"尝然"。说"已然"跟说"尝然"意思一样，等值等同。"已然"：已经如此；过去时间模态词，表确实发生的事实，实然命题。"尝然"：曾经如此；过去时间模态词，表确实发生的事实，实然命题。

　　《经下》说："可无也，有之而不可去，说在尝然。"《经说下》说："已然则尝然，不可无也。"《经下》说："无不必待有，说在所谓。"《经说下》说："若无马，则有之而后无。无天陷，则无之而无。"一件事情可以是"无"（从来没有），但是一旦有了（发生了），就不能把它从历史上抹掉（"有之而不可去"），因为它确实曾经发生过。所谓"已然"（已经如此）就是"曾经发生过"（尝然），就不能说"没有发生过"（"不可无也"）。"无"不以"有"为必要条件，这里就看说的是哪种"无"。如："我现在无马。"这是指过去曾经有马，而后来无马（"有之而后无"）。又如："没有天陷（天塌下来）这回事。"这是指从来就没有（"无之而无"）。

十一、"且"的含义有两种，将要正在都可用

定义时间模态词"且"。《经上》说："且，言然也。"《经说上》说："自前曰且，自后曰已，方然亦且。"《小取》说："且入井，非入井也；止且入井，止入井也。且出门，非出门也；止且出门，止出门也。若若是：且夭，非夭也；寿且夭，寿夭也。有命，非命也；非执有命，非命也。"《经下》："且然不可止，而不害用功，说在宜。"《经说下》说："宜犹是也。且然必然，且已必已。且用功而后然者，必用功而后然。且用功而后已者，必用功而后已。"

"且"有两种用法：一是在事物发生之前说"且"，相当于现代汉语"将""将要"，表将来时态，表或然命题、可能命题。二是在事物发生过程中说"且"，相当于现代汉语"正在""刚刚"，表现在时态，表实然命题。

十二、必然模态最高级，必然命题表规律

"必"：必然模态词，表必然命题。《经上》说："必，不已也。"《经说上》说："谓一执者也。若弟兄。一然者，一不然者，必不必也，是非必也。"必然命题论域涉及一类事物，有全称性和全时间性，贯穿于过去、现在和将来三时态。必然命题涉及一类事物，"必然"蕴涵"尽然"（所有个体都如此，全称）。"一然者，一不然者"（有是

这样的，有不是这样的），即"不尽然"，一定不是"必然"，是"非必然"。"必然"除蕴涵"尽然"（全称性）外，还有全时间性，即作为永不停止的趋势，贯穿于过去、现在和将来三个时态。"不已"：不停止。"一执"：维持一种趋势永不变。

十三、主观客观要分清，必然或然有不同

"使"：表示主观与客观两种性质的模态词。"使谓故"："使"有"谓""故"两种意义。第一种意义是"谓"："令谓不必成"，即"叫，让"不必然成功。这是"非必然"（不必然）模态，是用语言命令陈述（令谓），祈使句的主观或然模态，特点是"不必成"（不必然成功）。第二种意义是"故"："必待所为之成"，即原因致使结果必然产生。这是"必然"模态，因果关系的客观必然模态，特点是"必成"（必然成功）。这是祈使句的主观或然模态和因果关系的客观必然模态的区分。

《经上》说："使：谓；故。"《经说上》说："令、谓，谓也，不必成。湿，故也，必待所为之成也。"即"使"有两种意义。一种意义是指使，即甲用一个祈使句"命令""指谓"（令谓）乙去干某件事，仅仅由于这种主观指使，乙"不必成"，即不必然成功。甲命令乙："你必须把丙杀死！"这种祈使句中的"必"，实际上只表达甲主观

上的杀人意图，并不构成乙杀死丙的充分条件。尽管甲有这种主观上的杀人意图，乙可能由于主观、客观原因，没有把丙杀死。不能仅仅用甲的这一祈使句给乙定杀人罪。第二种意义是原因致使结果必然产生，是因果关系的客观必然模态，相当于产生结果的充分条件。公式为："如果P必然Q。"实例："如果天下雨，地必然湿。"（"湿，故也，必待所为之成也。"）

祈使句主观或然模态和因果关系的客观必然模态的原则区别是：祈使句的主观或然模态是"不必成"，即为负必然命题"不必"。在模态命题的等值关系中，"不必然P"等值于"可能不P"。如"乙不必然杀死丙"等值于"乙可能没有杀死丙"。客观必然模态是"必成"。公式为："如果P必然Q。"实例："如果下雨，必然地湿。"在现代逻辑中作为一个重要分支而存在的模态逻辑，在《墨经》中已初见端倪，墨家对此有明确认识。

十四、假想现实需分清，想象实现有过程

"假"：假设，假定，假说；表假言命题。《小取》说："假者，今不然也。"假设是假定性的设想，并非表示当前事实。假言命题是从假设性的前提条件出发，引出一定结论，断定前提和结论的关系。

十五、联言命题用并且，二事并联同成立

"且"：并且；表联言命题。《经说下》说："是梯，挈且挈则行。""挈且挈"：提着并且提着，是有两个联言肢的联言命题。《经说下》说："彼此不可彼且此也。"《经说下》说："是不是，则是且是焉。"《七患》说："时年岁善，则民仁且良；时年岁凶，则民吝且恶。"《公孟》说："国士战且扶人。"《备城门》说："出挑且败。"

十六、心想口说讲信实

"信"：信实。言语信实，即"言合于意"，口说的"言"（语句），合乎心里的"意"（判断）。《经上》说："信，言合于意也。"《经说上》说："信。不以其言之当也，使人视城得金。"信不以言论的恰当（符合实际）为必要条件。有时言论虽与思想不符合（"不信"），但却偶然跟事实符合（"当"）。如某人故意骗别人："城门内藏有金！"别人去一看，果然得到金。这是言论"不信"，但却偶然"当"（恰当）的事例。

"当"：恰当，真实，正确，是，对，思想言论符合实际。言合于意，意合于实，言合于实，言就既"信"且"当"。言合于意，意不合于实，言不合于实，言就"信"而不"当"。所以说"信，不以其言之当也"。意合于实，

言不合于意，言不合于实，言就既不"信"又不"当"。意不合于实，言不合于意，言不合于实，言就不"当"又不"信"。但有时，言虽不合于意，却偶然合于实。甲骗乙："城门内藏有金！"乙去一看，果然有金。实际上甲并不知道（没有意），只是信口胡说，欺骗捉弄乙。这是言不"信"而"当"的特例。

《墨经》对"信"的定义、说明和举例是精到准确的。墨家讨论言、意、实（语言、思维和对象）三者关系的评价范畴，属逻辑哲学。其定义、辨析和举例具有经典意涵。语句符合思维（言合于意），怎么想就怎么说，心口如一，就叫作"信"（言语信实）。思维符合对象（意合于实。实：实际，实体），就叫作"当"（恰当，真实，正确，是，对）。对"信"的要求，只是语句符合思维（言合于意），怎么想就怎么说，心口如一，并不要求"言当"，即思维、语句符合对象（意、言合于实）。

墨家论述"信""当"的范畴，跟同时代诸子百家，如荀子、韩非子和吕不韦等的论述一致。"言合于意"叫"信"。"意合于实"和"言合于实"，都叫"当"。

"信"和"当"有不同的定义和标准。"信"的定义，是"言合于意"，即口里说的"言"（语句）符合心里想的"意"（判断）。怎么想就怎么说，心口如一，语言和思维一致。"信"是语言准确表达思维，是发挥语言表意和交际功能的目的和标准。"当"的定义是"意合于实"和"言合于实",即心里想的"意"(判断),口里说的"言",都符合客观存在的"实"(实际)。事实是什么,就怎么想,思维和实际一致;事实是什么,就怎么说,言论和实际一致。"当"是判断和语句符合实际,发挥思维认识准确反映实际的目的和标准,也是实现语言交流交际信实诚信的目的和标准。"是""正""当""真"的含义一致,指思维和语言符合实际。

十七、恰当就是合事实

"当":恰当(真实、正确,是,对)。指思想、言论合事实。《经上》说:"辩,争彼也。辩胜,当也。"《经说上》:"或谓之牛,或谓之非牛,是争彼也。是不俱当。不俱当,必或不当,不若当犬。"辩论就是双方争论一对矛盾命题的是非。其中辩论胜利的一方,就是所持论题符合实际的一方。如针对同一对象,有人说:"这是牛。"有人说:"这不是牛。"这就是争论一对矛盾命题的是非。一对矛盾命题不能同真。不能同真,必然有一不真,这不相当于如下议论,即一个人说:"这是狗。"另一个人说:"这是犬。"这种情况可以同真,不是必然有一不真。

《经下》说:"谓辩无胜,必不当,说在辩。"《经说下》说:"所谓非同也,则异也。同则或谓之狗,其或谓之犬也。异则或谓之牛，其或谓之马也。俱无胜。（以上引辩论对方语）是不辩也。辩也者，或谓之是，或谓之非。当者胜也。"说"辩论没有胜负可言"一定是不恰当的，论证的理由在于，究竟什么叫作辩论。对方说："辩论双方如果所说的不是相同，那么就是相异。如果辩论双方所说的是相同，则如下例：甲说：'这个动物是狗。'乙说：'这个动物是犬。'这可以'俱无胜'（都没有胜利）。如果辩论双方所说是相异，则如下例：甲说：'这个动物是牛。'乙说：'这个动物是马。'这也可以'俱无胜'（都没有胜利）。所以，不管辩论双方所说的是相同还是相异，总是'俱无胜'（都没有胜利）。"对方说的这些情况，不构成辩论。凡是辩论，一定是关于某件事情的某种属性，甲说"是"，乙说"非"（不是）。而"当"（即符合实际）的一方，就是在辩论中胜利的一方。

《经说下》说："悖，不可也。之人之言可，是不悖，则是有可也。之人之言不可，以当必不当。"所谓虚假，就是不正确。这个人的这句话如果正确，这就是有并不虚假的言论，则是有正确的言论。这个人的这句话如果不正确，那么认为它恰当，就必然不恰当。《公孟》说："子墨子与程子辩，称于孔子。程子曰：'非儒，何故称于孔子也？'子墨子曰：'是亦当（恰当）而不可易者也。'"

十八、三个变项"彼此是"，逻辑公式表规律

1."彼"：在抽象的逻辑公式中充当变项

"彼"可指代任一对象、属性、概念、主词或主题。《经说上》："非彼必不有，必也。"没有那个必然没有这个，这是必合（符合必然规律）。"非彼必不有"：《墨经》逻辑公式，等价于"无之必不然""无 P 则无 Q"，彼、有、之、然犹如 P、Q、R、S 之类的变项符号。"非彼必不有"是作为解释必然性概念的一例。

2.此：在抽象的逻辑公式中充当变项

"此"：这，这个，这样；指示代词，用于近指，跟"彼"相对。"此"可指代事物、情况、时间、空间、行为动作的状态、条件。《墨经》用指示代词"此"充当逻辑变项，超脱逻辑的具体运用，概括一般逻辑公式，表示一般逻辑形式和规律。《经说下》说："此止于此。""此"名指称"此"实，表同一律。

3.是：在抽象的逻辑公式中充当变项

"是"：跟与"彼"相对，相当于"此"。用指示代词"是"作为虚指符号，进行抽象逻辑推演。《经说下》说："若是而彼此也，则彼亦且此此也。"可改写为："若 C 而 AB 也，则 A 亦且 BB 也。"用实例代换："若羊而牛马也，则牛亦且马马也。"这是归谬式间接反驳法。《经说下》

说："物甚不甚，说在若是。"《经说下》："甚长甚短，莫长于是，莫短于是。是之甚也、非甚也者，莫甚于是，有甚于是。"

十九、推理论证叫作"说"，逻辑重点是推理

"说"：推理，推论，论证。这是古代逻辑学术语。《小取》说："以说出故。"即用推论揭示理由。《经上》说："说，所以明也。""说"的本义，是说明事实，解说道理，《墨经》引申为推理论证，简称推论。推论是推理论证的合称。常言道："摆事实，讲道理。"论证又叫证明，是各种推理的运用。作为中国逻辑学术语的"说"，是列举论据，解释理由，推理论证。《经下》和《经说下》表达的结构是"以说出故"形式的杰出运用。一般是在《经下》先列出论题，然后以"说在某某"的形式，简明地标出论题之所以成立的理由（事实或道理），而在《经说下》展开论证。整篇《经下》和《经说下》，由论题、论据和论证组成，是表达"说知"（推论之知）的范例。

演绎推论的实质，是用"出故"、讲理的方法进行论证，达到说服的目的。墨家列举具体推论事例，用古代汉语表示逻辑变项和逻辑常项，概括推论形式，进行理论说明。《经说下》说："以此其然也，说是其然也。"用现代汉语和符号语言解释，即"根据'所有 M 是 P，所有

S 是 M'，而推论'所有 S 是 P'。""此"，理解为一个较大的类 M。"是"，理解为 M 类包含的一个较小的子类 S。"此其然"，理解为"所有 M 类事物都是 P"。

《经上》说："知：闻、说、亲。"《经说上》说："传受之，闻也。方不㢓，说也。身观焉，亲也。""方"：比方，推论。"不㢓"：不明白，不清楚，不知道。"说"：推论出的知识。通过推论，原来不知道，后来知道，这是间接的推论知识。

《经下》说："闻所不知若所知，则两知之，说在告。"《经说下》说："在外者，所知也。在室者，所不知也。或曰：'在室者之色若是其色。'是所不知若所知也。犹白若黑也，孰胜？是若其色也，若白者必白。今也知其色之若白也，故知其白也。夫名以所明正所不知，不以所不知疑所明。若以尺度所不知长。外，亲知也。室中，说知也。"

《经下》："止，类以行之，说在同。"《经说下》："彼以此其然也，说是其然也；我以此其不然也，疑是其然也。""止"这种反驳方式应该按照事物的类别来进行，因为我所要反驳的与对方所要证明的是同一论题。对方如果从"某类事物都是如此"，推出"这个事物是如此"，我则根据"并非某类事物都是如此"，怀疑"这个事物是如此"。"说"：推论，这里指演绎推理。"是其然"：指从"此其然"（所有 M 是 P）的一般性前提，推出个别结论

"这个 S 是 P"。"是"：这个。"此其不然"：对"此其然"的否定，并非"此其然"，并非"所有 M 是 P"。

《经下》说："无说而惧，说在弗必。"《经说下》说："子在军，不必其死生；闻战，亦不必其死生。前也不惧，今也惧。"《经下》说："狂举不可以知异，说在有不可。"《经说下》说："今是不久于是，而久于是，故是久与是不久同说也。"《经说下》："'欲恶伤生损寿'，说以少连。"

"说在某某"：《经说下》共分 83 条，每条都有"所有 S 是 P，说在 x"这样的简化浓缩论证体例，其中"所有 S 是 P"是《经说下》待证的论题，即《墨经》概括的各门科学定理、规律，而"说在 x"则是揭示论题之所以成立的理由。"说在"是待证论题和证明理由之间的逻辑联结词，其作用是从论题逆指论证的理由。"说在"二字格式化的翻译是："论证的理由在于"。

《经说下》说："止，类以行之，说在同。"《经说下》说："推类之难，说在之大小、物尽、同名、二与斗、爱、食与招、白与视、丽与暴、夫与屦。"这是用"大小、物尽、同名、二与斗、爱、食与招、白与视、丽与暴、夫与屦"一大批实例，说明"推类之难"的道理。

《经说下》说："正而不可倚，说在抟。""丸无所处而不中悬，抟也。"这是用圆球运动状态的事例，说明"正而不可倚"（垂直而不偏斜）的受力原理。"倚者不可正，说在梯。"这是用斜放云梯的运动事例，说明"倚者不可正"（偏斜不是垂直）的受力原理。

《非攻上》说："杀一人谓之不义，必有一死罪矣，若以此说往，杀十人十重不义，必有十死罪矣；杀百人百重不义，必有百死罪矣。""以此说往"：由此推论，以此类推。《公输》说："子墨子起，再拜曰：'请说之。吾从北方，闻子为梯，将以攻宋。宋何罪之有？荆国有馀于地，而不足于民，杀所不足，而争所有馀，不可谓智。宋无罪而攻之，不可谓仁。知而不争，不可谓忠。争而不得，不可谓强。义不杀少而杀众，不可谓知类。'公输盘服。"

二十、推论知识叫"说知"

《经下》："闻所不知若所知，则两知之，说在告。"《经说下》："在外者，所知也。在室者，所不知也。或曰：'在室者之色若是其色。'是所不知若所知也。犹白若黑也，孰胜？是若其色也，若白者必白。今也知其色之若白也，故知其白也。夫名以所明正所不知，不以所不知疑所明。若以尺度所不知长。外，亲知也。室中，说知也。"以"亲知"和"闻知"为前提，用演绎推论引出新知识。其论式是："（亲知）室外之物的颜色是白的。（闻知）室内之物的颜色是室外之物的颜色。（说知）所以，室内之物的颜色是白的。"作为认知形式的"说"，跟"闻"（闻知）和"亲"（亲知）并列，指推论的知识。《墨经》讨论"说知"即推论知识的实质，其中包含对演绎推理的认知。

二十一、"推"式论证最关键，百家争鸣最利器

"推"：广义可以指推论，狭义就指归谬法（归谬式类比推论）。《小取》定义："推也者，以其所不取之同于其所取者，予之也。""推"这种论辩方式是指，我摆出一个证明给对方来反驳他，我这个证明是说明，对方所不赞成的跟对方所赞成的本为同类。这是归谬式类比推论。"是故辟侔援推之辞，行而异，转而危，远而失，流而离本，则不可不审也，不可常用也。""譬""侔""援""推"的词句，无类比附会混淆差异，辗转列举会发生诡辩，生拉硬扯会失去本义，牵强推论会离开根据，于是就不能不慎重，不能到处搬用。

《经下》说："推类之难。"类推有遇到困难，导致谬误产生的机会。"推类"：即类推，狭义指各种类比推论，包括譬（譬喻类比推论）、侔（比词类比推论）、援（援引类比推论）、推（归谬类比推论）等。

广义的推类或类推，相当于"推理""推论"，包括演绎、归纳和类比，如"止"等。实际上各种推理，都跟类有关。《大取》"夫辞以故生，以理长，以类行"的立辞三原则，对一切推理都适用。所以叫推类、推理、推故，

都是一样的。

《经下》说："察诸其所然未然者，说在于是推之。"《经说下》说："尧善治，自今察诸古也。自古察之今，则尧不能治也。"审察某事之所以这样和之所以不这样的原因，可以从"尧善治"的命题适用于古而不适用于今的事例类推而知。说"尧善治"，这是从今天的情况出发，考察古代的情况（即"尧善治"是指善于治理古代）。假如从古代的情况出发，考察今天的情况，那么就不能够说"尧善治"（即"尧善治"不是指善于治理现代）。

"推"的广义是"推理"。《墨经》中表示推论性质的一级范畴有"推"（广义）、"推类"。表示推论个别方式的二级范畴有"推"（狭义）、"止"、"效"、"援"、"譬"、"侔"等。"推"（狭义）是归谬类比。"止"是综合推论。"效"是代入公式。"援"是援例类比。"譬"是譬喻类比。"侔"是比词类比。

据《四库全书》，"于是推之"一语在明清时期出现8次，意同《墨经》。"于是推之"后发展为"以此类推"和"依此类推"。"以此类推"用例，宋至清代出现42次。"依此类推"用例，明清出现3次。"以此类推"与"依此类推"义同，指由个别案例推论一般情况的归纳推论。"以"：用，按照。"依"：依照，按照。从《墨经》和《四库全书》出现"于是推之""以此类推"和"依此类推"53次的语境和案例分析，其推论性质是从一个典型案例出发推论一般情况，即由个别推知一般，属于典型案例分析式的科学归纳推论。

《墨经》所谓"推类"，泛指推论，是类比、归纳和演绎的综合推论，是三种推论的朴素结合，并没有把三者明确区划，分门别类。《墨经》提出"推类"范畴后，为历代学者所运用发挥。从《四库全书》和《四部丛刊》"推类""类推"和"推理"2000多次用例可知，三者内涵一致、互通。

《墨经》原创的"推类"范畴，即"类推"，狭义指类比推论，广义指推论，是类比、归纳和演绎的朴素结合。与之相对应的英文名词为Analogy，即类似，相似，比拟，类推，类推法；形容词为Analogic，即相似的，比拟的，类推的；抽象名词为Analogism，即类比推理、类比法。"类推"是"类比推理"的省称。

"推"是归谬法（演绎推论）与类比推论的结合。其中归谬法是从对方论点推出荒谬，驳倒对方，是讲道理，是以同一律、矛盾律为根据的演绎推论。类比推论是列举类似案例，进行比较论证，是摆事实的初步归纳。《小取》总结的"推"有特定的含义，是一种归谬式的类比推理。其中包含归谬法推理的因素，是运用矛盾律，指出对方的议论中的矛盾，从而驳倒对方，这是其中的演绎推理因素，有必然性。也包含类比推理的因素，从两个事物的一部分属性相同，推论其另一部分属性相同。由于其中类比因素的或然性，由归谬法推论的补充，而使推论整体有较强的论证性与说服力。墨家的"推"（归谬式类比推论）有一个由具体到抽象的总结概括过程。归谬论证的艺术在古代墨家和诸子百家的争鸣辩论中占据极其重要的核心地位，比如墨子用归谬类比说服鲁班。

古希腊辩论术（dialectic，一译辩证法）的本意是归谬法（reductio ad absurdum）。归谬法、辩论术与逻辑学三个概念，在逻辑史上有内在联系。归谬法是揭露对方矛盾以战胜对方的方法，辩论术是辩论的技巧，逻辑学是思维交际的技艺；归谬法是辩论术的核心，是系统逻辑学产生的条件和基础。辩论术（辩证法）（dialectic）一词，在西方逻辑史上，从古代到近代，曾长期兼作逻辑学的总称。明末西方传教士葡萄牙人傅泛际（1587—1653）跟李之藻合译的第一部西方逻辑著作《名理探》，原文即是Dialectic。

归谬法是从对方论点出发，引出荒谬（包含逻辑矛盾，或同已知事实和真理矛盾），从而驳倒对方论点的方法。其一般公式是：$(p \rightarrow (q \wedge \neg q)) \rightarrow \neg p$。读为：如果 p（对方论点），那么 q 并且非 q（矛盾），那么非 p（否定对方论点）。用古汉语表达的名辩，没有使用这样的公式，而是有自身独特的表达方式。中国古代跟归谬法相当的词就叫"推"。《小取》说："推也者，以其所不取之，同于其所取者，予之也。"这是归谬法"推"的定义。即有两个同类的论点 A1 和 A2，你赞成 A1 不赞成 A2，就陷于矛盾和混乱。鲁班赞成"义不杀少"（A1），不赞成"义不杀众"（A2），陷于矛盾混乱。墨子在辩论中，对其别称为"不知类"和"明小不明大""知小不知大"，其实质是归谬法。

墨家运用和总结的归谬法为诸子百家喜用常用，是诸子百家争鸣辩论的有效工具，其影响深远，对今人的思维表达大有帮助。墨子首创自觉辩术，如归谬法等，是战国前期初具规模、自成体系的应用逻辑，是墨家后学总结系统辩学的丰富素材。

借鉴希尔伯特、塔尔斯基等把理论、科学、语言和研究分为对象和元（后设）不同层次的观点，把墨子的辩术和应用逻辑称为对象逻辑，把墨家后学的系统辩学称为逻辑理论，是用古汉语元语言工具表达的第一层次的元逻辑。现代学者加工改制、创造转化的古代逻辑体系，是用现代语言工具表达的第二层次的元逻辑。

墨子的辩术、应用逻辑和对象逻辑，包含古代元逻辑的理论因素，是墨辩逻辑质变过程的量变积累和局部质变，如提出"明小不明大""知小不知大""不知类""悖"概念

第三讲　逻辑学科到伦理，人文科学专而精

等。墨家后学用古汉语作为元语言工具，对墨子辩术的应用逻辑、对象逻辑进行元研究，做出系统的理论概括，建构辩学的元逻辑。其对归谬法的概括，舍弃当时争鸣辩论的具体内容，呈现出用古汉语表达的纯理论形态。

《小取》的"推"是对归谬法的命名，比现代"推理"或"推论"概念的外延小。现代"推理"或"推论"概念的外延包括演绎、归纳和类比等形式。《小取》的"推"概念，除分析对方论点概念命题的矛盾（纯演绎推理）外，在多数情况下，是归谬法（演绎法）与类比推理的结合。根据强调重点不同，可称归谬式类比推理（简称归谬类比），或类比式归谬推理（简称类比归谬）。

二十二、"方"是比方表推理，说知就是推论知

"方"：比方，推理，类推，推论知识。《经说下》说："方不彰，说也。""方不彰"：由已知测未知。"说"：说知就是推论知。

二十三、悖：矛盾荒谬不合理，归谬反驳关键词

"悖"：悖谬，荒谬，背理，矛盾。指出辩论对方"悖"，即归谬法反驳关键词。"悖"是评价语句真假值的元语言语义概念。《经说下》说："人之盈之否未可知，而必人之可尽、不可尽亦未可知，而必人之可尽爱也，悖。"

（以上引难者语）《耕柱》说："世俗之君子，贫而谓之富则怒，无义而谓之有义则喜。岂不悖哉！"《贵义》说："世之君子，使之为一犬一彘之宰，不能则辞之；使为一国之相，不能而为之。岂不悖哉！"

二十四、驳斥"言尽悖"（一切言论是虚假的）

《墨经》批评庄子《齐物论》否定一切言论真理性的相对主义谬论。《经下》说："以言为尽悖，悖，说在其言。"《经说下》说："悖，不可也。之人之言可，是不悖，则是有可也。之人之言不可，以当必不当。""一切言论是虚假的"这句话自相矛盾，论证的理由在于"一切言论是虚假的"本身是言论。虚假就是不成立，如果这个人这个言论成立，就是有并不虚假的言论，有成立的言论。如果这个人这个言论不成立，认为它恰当必然不恰当。《墨经》指出论证的关键是"说在其言"，即"一切言论是虚假的"中"言论""虚假"的概念，涉及自身，自我相关，运用否定概念自我涉及。使用否定（悖）和全称（尽），连自身也否定，这是误用否定（悖）和全称（尽）。

二十五、驳斥"非诽"（反对一切批评）

《墨经》批评庄子《齐物论》否定一切学术批评的悖论：如果否定一切学术批评，则否定自身"否定一切学术批评"的批评。《经下》说："非诽者悖,说在(非)弗非。"《经说下》说:"非诽,非己之诽也。不非诽,非可非也。(非)不可非也,是不非诽也。""诽":批评缺点、错误。"非诽":反对一切批评。"非诽"自相矛盾,因为"反对一切批评",连自己"反对一切批评"这一批评也反对了。如果不反对一切批评,那么有错误就可以批评了。如果有错误不能批评,这本身也导致对"反对一切批评"论点的否定。因为对方正是把批评视为错误来反对的。

二十六、驳斥"学无益"(学习没有益处)

《老子》说"绝学无忧",认为弃绝学习,没有忧愁。《庄子·养生主》说:"生也有涯,而知也无涯,以有涯随无涯,殆矣。已而为之者,殆而已矣。"认为生命有限,知识无限,以有限追逐无限,危殆就要来临。危殆来临,还要勉强求知,就更加危殆。这是用归谬法论证相对主义知识论和消极的"学无益"论。墨家反对"学无益"论,主张"学有益"论。墨家批评老庄"学无益"是悖论。《经下》说:"学之益也,说在诽者。"《经说下》说:"以为不知学之无益也,故告之也,是使知学之无益也,是教也。以学为之无益也教,悖。"学习是有益处的,论题的理由在于,反对这一命题的人,会陷于自相矛盾。倡导"学习没有益处"的人认为别人不懂这一道理,千方百计要告诉别人，这就是要别人学习"学习没有益处"的道理，这就是教。倡导"学习没有益处"，却又教别人，是自相矛盾。这是用归谬法反驳老庄"学无益"论题，论证"学有益"论题。

二十七、驳斥"知知之否之足用"（知道不知道够用）

道儒两家强调要知道自己有所不知，表现在知识问题上的谦虚态度。《论语·为政》载孔子说："知之为知之，不知为不知，是知也。"《老子》71章："知不知，上。不知知，病。夫唯病病，是以不病。圣人不病，以其病病，是以不病。"知道自己有所不知，是最好的。以不知为知，是弊病。正因为以弊病为弊病，所以不发生弊病。圣人之所以不发生弊病，就是因为以弊病为弊病，所以不发生弊病。

古人有时说话，故意把话说得像绕口令，以引人注意。这是《墨经》所批评"知知之否之足用"的论点。墨家批评儒道"知不知"的认知悖论。《经下》说："知知之否之足用也，悖，说在无以也。"《经说下》说："论之非知无以也。"儒道两家论证的"知道自己是知道还是不知道，就够用了"是自相矛盾的。论证在于，别人要是在你宣传这个论点时，声称自己不知道你这个论点，你肯定认为不够用。向别人论证一个论点，又宣称别人可以不知道你这个论点，你这个论证就没有意义。

道儒两家在求知问题上缺乏积极进取的精神。《老子》20章："绝学无忧。"即弃绝学问，没有忧愁。这是荒谬地取消知识。孔子认为文献不足，只能存疑，对自然知识探求缺乏兴趣。《论语·子路》载孔子斥责"请学稼""请学为圃"的学生樊迟是"小人"，认为农工生产知识不值得君子学习，与墨家极力把百工技艺总结上升为科学知识的做法大相径庭。

墨家主张积极求知（特别是自然知识），反对道儒两家对知识的消极态度。墨家反对儒道两家在探求知识，特别是在探求自然知识问题上的消极态度，主张积极求知，探索自然，总结和运用自然科学与工匠技术知识于生产实践，于是把儒道两家对待知识的消极态度总结为认知悖论"知知之否之足用也"，并运用逻辑矛盾律和归谬法进行反驳。

二十八、驳斥明于小而不明于大

"明于小而不明于大"：明小事而不明大事，懂小道理而不懂大道理。这是归谬式类比推理的别称、俗称。《尚贤下》说："今天下之士君子，居处言语皆尚贤，逮至其临众发政而治民，莫知尚贤而使能，我以此知天下之士君子，明于小而不明于大也。何以知其然乎？今王公大人，有一牛羊之财不能杀，必索良宰；有一衣裳之财不能制，必索良工。当王公大人之于此也，虽有骨肉之亲，无故富贵，面目美好者，实知其不能也，不使之也，是何故？恐其败财也。当王公大人之于此也，则不失尚贤而使能。王公大人有一疲马不能治，必索良医；有一危弓不能张，必索良工。当王公大人之于此也，虽有骨肉之亲，无故富贵，面目美好者，实知其不能也，必不使。是何故？恐其败财也。当王公大人之于此也，则不失尚贤而使能。逮至其国家则不然，王公大人骨肉之亲，无故富贵，面目美好者，则举之，则王公大人之亲其国家也，不若亲其一危弓、疲马、衣裳、牛羊之财与？我以此知天下之士君子皆明于小，而不明于大也。"

《天志下》说："天下之所以乱者，其说将何哉？则是天下士君子，皆明于小而不明于大。何以知其明于小不明于大也？""明于小不明于大"，也叫"明小物而不明大物""知小物而不知大物"。《尚贤中》说："何则？皆以明小物，而不明大物也。"《天志下》说："此吾所谓大物则不知也，所谓小物则知之者。"《鲁问》说："子墨子谓鲁阳文君曰，世俗之君子皆知小物，而不知大物。今有人于此，窃一犬一彘，则谓之不仁，窃一国一都，则以为义，譬犹小视白谓之曰，大视白则谓之黑，是故世俗之君子，知小物而不知大物者，此若言之谓也。"

这是墨子创建中国古代逻辑（墨辩）的开端、萌芽和典型案例。"明小不明大"，又叫"知小不知大"，是墨子对归谬式类比推理的元逻辑的首次概括。归谬式类比推理是中国古代逻辑学的核心和主要推论方式。归谬式类比推理的实质是揭露对方的逻辑矛盾，以战胜对方。墨子为论证"尚贤"的主张，先从揭露对方的逻辑矛盾入手：当今掌权者王公大人士君子，有一牛羊不会宰杀，一定要找好屠夫。有一布料不会做衣服，一定要找好裁缝。有一病马不会治，一定要找好兽医。有一张弓需修理，一定要找好工匠。这叫"居处言语皆尚贤"，即日常生活小事都知道尚贤。而遇到治国的大事却不知尚贤，这叫"明小不明大""知小不知大"。《小取》把这种归谬式类比推理，命名为"推"，下定义说："推也者，以其所不取之，同于其所取者，予之也。"制定"推"的规则是："以类取，以类予。有诸己不非诸人，无诸己不求诸人。"规则的实质是逻辑同一律和矛盾律。"治国须尚贤"，为对方"所不取"。墨子证明"治国须尚贤"跟"居处言语皆尚贤"属同类。同类事物有同样性质，应下同样判断，采取同样态度。既然"居处言语"即日常生活的小事都知道尚贤，那么"治国"大事更"须尚贤"。这叫既"明小"又"明大"，既"知小"又"知大"，符合"以类取，以类予"和"有诸己不非诸人，无诸己不求诸人"的规则，合乎逻辑。对方犯"明小不明大"（"知小不知大"）的逻辑错误，不符合"以类取，以类予"和"有诸己不非诸人，无诸己不求诸人"的规则，是自相矛盾，违反逻辑。

　　"明小不明大"（"知小不知大"）是墨子对归谬式类比推理的概括，表明对方自相矛盾，荒谬背理。鼎盛于前5世纪的墨家创始人墨子，首创归谬法的自觉辩术，是战国前期初具规模、自成体系的应用逻辑，是后期墨家《墨经》系统总结辩学的丰富素材。归谬法是运用矛盾律的反驳论证方式。在西方，归谬法的广泛应用极大地刺激和促进了系统逻辑学的诞生。古希腊的芝诺、苏格拉底、柏拉图，都极善运用归谬法，为亚里士多德创立逻辑学科做了准备。归谬法辩论方式 dialectic 是辩论术的统称，在西方近代以前，它长期兼作逻辑学的总称。在百家争鸣中，墨子率先运用和总结贯穿矛盾律的归谬反驳方式。《墨经》对"推"这种归谬式类比推理的定义和规则的总结言简意赅。"推"的论证方式有归谬法的演绎必然性和逻辑性，兼具类比推理的生动形象性，富有说服力、感染力，是诸子百家争鸣辩论的得力工具、普遍工具，行之有效，为后世喜用常用，并通过诸子百家典籍的传播，变为中华民族的普遍思维方式，一致沿用到现代，跟西方逻辑学融会贯通。

二十九、止：综合论证

"止"：综合论证。《经上》说："法异则观其宜。"《经说上》说："取此择彼，问故观宜，以'人之有黑者'、'有不黑者'也，止'黑人'；与以'有爱于人'、'有不爱于人'，止'爱人'：是孰宜？"《经上》说："止，因以别道。"《经说上》说："彼举然者，以为此其然也，则举不然者而问之。若'圣人有非而不非'。"《经下》说："止，类以行之，说在同。"《经说下》说："彼以此其然也，说是其然也，我以此其不然也，疑是其然也。"

《墨经》给出"止"的定义、步骤、规则和实例。"止"：停止，阻止，制止；引申为反驳：止住论敌论证，否定论敌推论。包括驳倒论敌归纳推理的结论，反驳论敌演绎推理的大前提，质疑论敌演绎推理的结论。"止"是综合论证，包含归纳及其反驳，演绎及其反驳。

"止"式论证的性质不是单一推理式。《经上》说："止，因以别道。""止"式论证定义："止"，用来区别限制一般性道理，用特称否定命题（反例）反驳全称肯定命题（道）。"因以"：用来。"别"：区别，限制。"道"：一般性道理，用全称肯定命题表示。如用"有圣人不是见人有非而不非"（有圣人不是见人有错误不批评），反驳"所有圣人都是见人有非而不非"（所有圣人都是见人有错误不批评）。用"有人不是黑的"，反驳"所有人是黑的"。用"有人不是可人爱的"，反驳"所有人是可人爱的"。

"圣人有非而不非"，即"圣人见他人有非，而不指斥其非"，就是"圣人见他人有错误，而不批评其错误"。如父亲偷别人羊，在私有制社会里，这是侵犯别人财产，是"非"（错误），由于偷羊人是父亲，儿子明知是"非"（错误），但根据孔子和历来儒家主张，坚持"子为父隐"，不要批评指责和举证父亲偷羊。《春秋公羊传·闵公元年》把"父子互相隐瞒"（如隐瞒父亲偷羊）观点，概括为"《春秋》为尊者讳，为亲者讳，为贤者讳"。"圣人有非而不非"，意同孔子"父为子隐，子为父隐，直在其中"和"《春秋》为尊者讳，为亲者讳，为贤者讳"的观点。

1. "止"式推论中的归纳证明及其反驳

《经说上》说："彼举然者，以为此其然也，则举不然者而问之，若'圣人有非而不非'。""彼"：辩论对方。"举"：列举。"然者"：如此这般的正面事例。"彼举然者"：对方列举若干正面事例。"以为"：推论出。"此其然也"："所有此类事物都是这样。""彼举然者，以为此其然也"：对方列举若干正面事例，用简单枚举归纳推理，推论出全称命题"所有此类事物都是这样"。对方说："甲圣人是见人有非而不非。乙圣人是见人有非而不非。

所以，所有圣人都是见人有非而不非。"其公式是：M_1 是 P，M_2 是 P，∴ 所有 M 都是 P。"不然者"：有不是这样的反面情况，即反例。"问"：问难，反驳。"则举不然者而问之"：用反例反驳全称命题，用特称否定命题反驳全称肯定命题。如用"有圣人不是见人有非而不非"（有圣人不是见人有错误不批评），反驳"所有圣人都是见人有非而不非"（所有圣人都是见人有错误不批评）。其公式是：∵ 有 M 不是 P，∴ 并非所有 M 都是 P。

2. "止"式推论中的演绎证明及其反驳

《经说下》说："彼以此其然也，说是其然也。我以此其不然也，疑是其然也。"对方用"所有此类事物都是这样"的整体断定，推论"此类事物中有部分是这样"的断定。对方用不正确的全称命题演绎个别结论，我则用并非"所有此类事物都是这样"的矛盾命题，质疑、问难、反驳"此类事物中有部分是这样"的断定。"疑"：可疑，非必然，非有效。如对方说："所有圣人见人有非而不非。墨家的圣人是圣人。∴ 墨家的圣人见人有非而不非。"公式是：所有 M 是 P，所有 S 是 M，∴ 所有 S 是 P。我则用跟对方演绎推论的大前提相矛盾的命题，质疑对方演绎推理的结论。用"并非所有圣人都见人有非而不非"（等值于"有圣人不是见人有非而不非"），质疑、问难、反驳对方演绎推理的结论"墨家圣人是见人有非而不非"。

公式是：并非所有 M 是 P（等值于"有 M 不是 P"），所有 S 是 M，∴"所有 S 是 P"可疑。

3."止"式推论规则：同一律的应用

《经下》说："止，类以行之，说在同。""止"的步骤和过程，根据事物类别进行，论证理由在于辩论双方证明和反驳是同一论题。《经上》说："法异则观其宜。"《经说上》说："取此择彼，问故观宜，以'人之有黑者'、'有不黑者'也，止'黑人'，与以'有爱于人'、'有不爱于人'，止'爱人'，是孰宜？"

"法"：论证的法式（形式、格式）、程式、公式。证明和反驳有不同的公式可供选择。要观察所选取的公式跟所使用的前提（论据）是否适宜。《经说上》列两个反驳：反驳 1，因为"有人不是黑的"，所以并非"所有人是黑的"。反驳 2，因为"有人不是可人爱的"，所以，并非"所有人应该爱所有人"。

反驳 1 是合宜（有效、正确）的，因为符合同类相推的规则（同一律）。其前提即用来反驳的论据"有人不是黑的"和结论即被反驳论题并非"所有人是黑的"，都是关乎事实的，都是属于真值的逻辑。反驳 2 不是合宜（有效、正确）的，因为不符合同类相推的规则（同一律）。其前提，即用来反驳的论据"有人不是可人爱的"是关乎事实的，是属于真值逻辑的范畴。而结论，即被反驳论题并非"一切人应该爱一切人",是关乎道德理想、目标、义务的,是属于规范模态逻辑、道义逻辑的范畴。

以上两个反驳,其推论公式不同(法异),属不同的逻辑领域、分支、范围和语境。墨家的兼爱理想不考虑种族、阶级贵贱区别,而认为只要是人都应该一视同仁相互关爱。这个理想可以成立一个命题:所有人应该爱所有人。有人不可人爱是一种事实状况,不能据此反驳"所有人应该爱所有人"的理想。正因为现实状况并非所有人都爱所有人,也有人不可人爱,墨家才要追求"所有人应该爱所有人"的理想。

三十、援:援例论证

《小取》:"援也者,曰:'子然,我奚独不可以然也?'"援例论证法是说:"你可以这样说,我怎么就不能这样说呢?"是以同一律和矛盾律为根据的辩论方式。"譬侔援推之辞,行而异,转而危,远而失,流而离本。"譬喻、比词、援例、归谬等类推方法,实行时有差异,辗转引证会导致诡辩,离题远了会失去原义,流失原义就离开根本。

《小取》中援例论证案例有:"此与彼同类,世有彼而不自非也,墨者有此而非之。"就"是而不然"的侔式论证说,世人赞成"彼"组论式:"获之亲,人也;获事其亲，非事人也。其弟，美人也；爱弟，非爱美人也。车，木也；乘车，非乘木也。船，木也；入船，非入木也。盗，人也；多盗，非多人也；无盗，非无人也。恶多盗，非恶多人也；欲无盗，非欲无人也。"我就可以援引世人赞成的"彼"组论式，类比论证我所赞成的"此"组论式："盗，人也；爱盗，非爱人也；不爱盗，非不爱人也；杀盗，非杀人也。"

就"是而不然"的侔式论证说，世人赞成"彼"组论式："读书，非书也；好读书，好书也。斗鸡，非鸡也；好斗鸡，好鸡也。且入井，非入井也；止且入井，止入井也。且出门，非出门也；止且出门，止出门也。"我就可以援引世人赞成的"彼"组论式，类比论证我所赞成的"此"组论式："且夭，非夭也；寿且夭，寿夭也。有命，非命也；非执有命，非命也。"

墨者认为以上两组论点"同类"，对方赞成前者，墨者就可以援引来类比证明后者，这符合"以类取"即同类相推的原则。根据"以类取"和"有诸己不非诸人"的原则（同一律、矛盾律），对方就不应该反对我这样推论，应该接受我的结论。

三十一、譬：譬喻论证

譬：譬喻论证。《小取》说："譬也者，举他物而以明之也。"这是譬的认知功用定义。譬是列举他物的性质，比拟此物的性质，让人明白。如用"医之攻人之疾者"，"必知疾之所自起，焉能攻之；不知疾之所自起，则弗能攻"，比拟"以治天下为事者"，"必知乱之所自起，焉能治之；不知乱之所自起，则不能治"。

"譬"即譬喻，有修辞功能，是墨子喜用的论证方式。墨子直接用"譬"字连接的譬喻论证有 50 余次，其中"譬犹"20 次，"譬之犹"7 次，"譬若"21 次，"譬之若"5 次。还有很多用"若""犹""如"等词连接的譬喻论证。

直接用"譬"字连接的譬喻论证用例有很多，如《尚贤下》论证崇尚贤人，说治国如果不用贤人，"譬犹喑者（哑巴）而使为行人（外交官），聋者而使为乐师"，就像叫哑巴当外交官，叫聋子当乐队指挥。《尚同上》论证崇尚国家统一，说"譬若丝缕之有纪，网罟之有纲"，就像丝缕有头绪，提网有总绳。《兼爱上》说："圣人以治天下为事者也，必知乱之所自起，焉能治之，不知乱之所自起，则不能治，譬之如医之攻人之疾者然，必知疾之所自起。"《非攻下》说："今天下之诸侯，多攻伐并兼，则是有誉义之名，而不察其实也，此譬犹盲者之与人，同命白黑之名，而不能分其物也。"《非命上》说："言而无仪，譬犹运钧之上，而立朝夕者也。"言论如果没有标准，就像在运转的陶轮立标杆，测日影，决定时间早晚，无标准可言。

"譬"兼有论证和修辞两种功能。譬喻的说词，从论证上说，分为论据和论题；从修辞上说，分为被譬喻说明的"本体"和用来譬喻说明的"喻体"。譬喻论证，举彼明此，以近喻远，以浅喻深，以易喻难，由已知到未知，是论证的手段，说服的方法。

"譬"相当于印度逻辑论式中的"喻"。用厨房有烟并有火，譬喻类推这山有烟，所以有火。从瓶是人为的，并且不是永恒的，譬喻类推语言是人为的，所以不是永恒的。喻的本意是譬喻、例证。窥基《因明入正理论疏》卷四说："喻者，譬也，况也，晓也。由此譬况，晓明所宗，故名为喻。"喻是通过譬况来比较、说明论题。

《小取》定义譬喻论证的联结词说："'是犹谓'也者，同也。""是犹谓"和"譬""若""犹""如"一样，是譬喻论证的联结词，其作用是表明两个论点的相同或相似，是譬喻论证成立的标志。《公孟》："教人学而执有命，是犹命人包而去其冠也。""执无鬼而学祭礼，是犹无客而学客礼也，无鱼而为鱼罟也。"

《小取》定义反譬喻论证的联结词说："吾岂谓也者，异也。""吾岂谓"用现代汉语说，即"我难道那样说吗？"，"吾岂谓"是用反问的口气说话，意思是"我没有那样说"。"吾岂谓"式的反驳，揭示譬喻前提与结论的相异，证明对方譬喻不当，是对于论敌不当譬喻的反驳，意味着反譬喻论证的建立，是反类比。

《兼爱中》记载当时的辩论："今天下之士君子曰：'然乃若兼则善矣，虽然，不可行之物也，譬若挈太山，越河济也。'子墨子言：'是非其譬也，夫挈太山而越河济，可谓毕劫有力矣，自古及今，未有能行之者也，况乎兼相爱，交相利，则与此异，古者圣王行之。'"当今天下的士君子说："兼爱好是好，就是实行不了，譬如举起泰山，越过黄河、济水一样。"墨子说："这个譬喻不恰当，举起泰山，越过黄河、济水，可以说是很有力气，但从古到今还没有能实行的，可是兼相爱、交相利就与此不同，古代圣王就曾经实行过。"墨子反驳论敌可说："吾谓兼爱可行，吾岂谓挈泰山而越河济可行乎？"这种"吾岂谓"式的反驳，揭示譬喻论证论据和论题的不同，来证明对方譬喻不当。

譬喻论证的联结词是"譬""若""犹""如"等，这是正类比。反譬喻论证的联结词是"不若"，这是反类比。论证的实质是摆事实，讲道理。摆事实是归纳或类比；讲道理是演绎。《墨经》长于论证，常以"若""犹"等联结词，联结具体事例。具体事例的功能，或是归纳论证论题的事实论据，或是类比论题主项的相似事例。

《经上》说："故，所得而后成也。"有因必有果，《经说上》以"若见之成见"为事实例证。《经说下》说："夫名以所明正所不知，不以所不知疑所明。若以尺度所不知长。"概念和推论是以所已知，类推说明所未知，不能反过来以所未知，怀疑所已知，这就像用尺子量度所未知物体的长度，这是以"若"作譬喻词的类比论证。

《小取》说："夫物有以同，而不率遂同。"从事物有相同之处，不能推出其全部相同。"有以同"是特称肯定命题，特称真推不出全称真。由特称真推出全称真，是"仓促概括"的谬误。譬式推论在运用中容易出现"行而异"（行进走样）的谬误，因此要注意运用的限度和范围。

"譬犹"：譬如，就像，好比。《尚贤下》说："逮至其国家则不然，王公大人骨肉之亲，无故富贵，面目美好者，则举之，则王公大人之亲其国家也，不若亲其一危弓、疲马、衣裳、牛羊之财与？我以此知天下之士君子皆明于小，而不明于大也，此譬犹喑者而使为行人，聋者而使为乐师。"

《非攻下》说："今天下之诸侯将犹多皆攻伐并兼，则是有誉义之名，而不察其实也，此譬犹盲者之与人，同命白黑之名，而不能分其物也，则岂谓有别哉？""古者天子之始封诸侯也，万有余，今以并国之故，万国有余皆灭，而四国独立，此譬犹医之药万有余人，而四人愈也，则不可谓良医矣。"

《节葬下》说:"(厚葬久丧)财以成者,扶而埋之,后得生者,而久禁之,以此求富,此譬犹禁耕而求获也,富之说无可得焉。""(厚葬久丧)此其为败男女之交多矣,以此求众,譬犹使人负剑,而求其寿也,众之说无可得焉。""夫众盗贼而寡治者,以此求治,譬犹使人三还而毋负己也,治之说无可得焉。""三还而毋负己":使人在自己面前旋转三周圈,而一次不许背对自己。

《非命上》说:"言而毋仪,譬犹运钧之上而立朝夕者也,是非利害之辨,不可得而明知也。"《非命中》:"若言而无仪,譬犹立朝夕于运钧之上也,则虽有巧工,必不能得正焉。"《耕柱》说:"大国之攻小国,譬犹童子之为马也。童子之为马,足用而劳。今大国之攻小国也,攻者农夫不得耕,妇人不得织,以守为事;攻人者,亦农夫不得耕,妇人不得织,以攻为事。故大国之攻小国也,譬犹童子之为马也。"

《公孟》说:"国治则为礼乐,乱则治之,是譬犹噎而穿井也,死而求医也。""告子为仁,譬犹跂以为长,隐以为广,不可久也。"告子行仁义,如同跕起脚尖使身子增长,卧下使面积增大一样,不可长久。《鲁问》说:"今有人于此,窃一犬一彘则谓之不仁,窃一国一都则以为义。譬犹小视白谓之白,大视白则谓之黑。"

"譬之犹"：同"譬犹"，譬如，就像，好比。《三辩》说："今夫子曰：圣王不为乐，此譬之犹马驾而不税，弓张而不弛。"《尚贤中》说："'告女忧恤，诲女予爵，孰能执热，鲜不用濯。'则此语古者国君诸侯之不可以不执善，承嗣辅佐也，譬之犹执热之有濯也。将休其手焉。"

《兼爱下》说："非人者必有以易之，若非人而无以易之，譬之犹以水救水，以火救火也，其说将必无可焉。""人之生乎地上之无几何也，譬之犹驷驰而过隙也。""苟有上说之者，劝之以赏誉，威之以刑罚，我以为人之于就兼相爱交相利也，譬之犹火之就上，水之就下也，不可防止于天下。"

《天志中》说："故置此以为法，立此以为仪，将以量度天下之王公大人卿大夫之仁与不仁，譬之犹分黑白也。"《非命下》说："凡出言谈，则必可而不先立仪而言，若不先立仪而言，譬之犹运钧之上而立朝夕焉也，我以为虽有朝夕之辩，必将终未可得而从定也。"

"譬若"：譬如，譬犹，就像，好比。《尚贤上》说："譬若欲众其国之善射御之士者，必将富之贵之，敬之誉之，然后国之善射御之士，将可得而众也。"《尚同上》说："古者圣王为五刑，请以治其民，譬若丝缕之有纪，罔罟之有纲，所连收天下之百姓不尚同其上者也。"

《兼爱中》说："兼则善矣，虽然，不可行之物也，譬

· 133 ·

若挈太山越河济也。"《非攻中》说："虽四五国则得利焉，犹谓之非行道也，譬若医之药人之有病者然。今有医于此，和合其祝药之于天下之有病者而药之，万人食此，若医四五人得利焉，犹谓之非行药也。"

《非攻下》说："天下处攻伐久矣，譬若童子之为马然。"《天志上》说："我有天志，譬若轮人之有规，匠人之有矩。"《耕柱》说："譬若筑墙然，能筑者筑，能实壤者实壤。""舍今之人而誉先王，是誉槁骨也，譬若匠人然，智槁木也，而不智生木。"《贵义》说："唯其可行，譬若药然，天子食之以顺其疾，岂曰一草之本而不食哉？""为义而不能，必无排其道，譬若匠人之斫而不能，无排其绳。"

《公孟》说："君子共己以待，问焉则言，不问焉则止，譬若钟然，扣则鸣，不扣则不鸣。""若大人为政，将因于国家之难，譬若机之将发也然，君子之必以谏，然而大人之利，若此者，虽不扣必鸣者也。""且子曰：'君子共己待，问焉则言，不问焉则止，譬若钟然，扣则鸣，不扣则不鸣。'今未有扣，子而言，是子之谓不扣而鸣邪？是子之所谓非君子邪？""实为善，人孰不知？譬若良玉，处而不出有馀糈，譬若美女，处而不出，人争求之，行而自衒，人莫之娶也。"

"譬之若"：譬如，譬犹，就像，好比。《尚同中》说：

"方今之时之以正长，则本与古者异矣，譬之若有苗之以五刑然。""古者之置正长也，将以治民也，譬之若丝缕之有纪，而罔罟之有纲也，将以运役天下淫暴，而一同其义也。"《天志下》说："苟兼而食焉，必兼而爱之，譬之若楚越之君，今是楚王食于楚之四境之内，故爱楚之人，越王食于越，故爱越之人。"

《非乐上》说："当用乐器，譬之若圣王之为舟车也，即我弗敢非也。"《尚贤上》说："譬之富者有高墙深宫，墙立既，谨上为凿一门，有盗人入，阖其自入而求之，盗其无自出。"《兼爱上》说："譬之如医之攻人之疾者然，必知疾之所自起，焉能攻之。"

《兼爱中》说："是非其譬也，夫挈太山而越河济，可谓毕劲有力矣，自古及今未有能行之者也，况乎兼相爱，交相利，则与此异，古者圣王行之。"《兼爱下》说："兼即仁矣义矣，虽然，岂可为哉？吾譬兼之不可为也，犹挈泰山以超江河也。""即此言文王之兼爱天下之博大也，譬之日月，兼照天下之无有私也。"

《节葬下》说："仁者之为天下度也，譬之无以异乎孝子之为亲度也。"《天志中》说："天子之有天下也，譬之无以异乎国君诸侯之有四境之内也。""子墨子之有天志，譬之无以异乎轮人之有规，匠人之有矩也。"《耕柱》说："言则称于汤文，行则譬于狗豨。"《贵义》说："今夫伊尹之于我国也，譬之良医善药也。"《鲁问》说："譬有人于此，其子强梁不材，故其父笞之，其邻家之父举木而击之，曰：吾击之也，顺于其父之志，则岂不悖哉？"

三十二、侔：比词论证

《小取》："侔也者，比辞而俱行也。"这是比较语句结构、意义和用法相似性的论证。"侔"：相等，等同，跟从，跟随。从《小取》列举的五种侔式论证公式，即"是而然""是而不然""不是而然""一周而一不周"和"一是而一非"，可知其区别。"是故譬侔援推之辞，行而异，转而诡，远而失，流而离本，则不可不审也，不可常用也，故言多方、殊类、异故，则不可偏观也。"

《小取》列举比辞类推的五种规范模式，用古汉语元语言总结为："夫物或乃是而然，或是而不然，或不是而然，或一周而一不周，或一是而一非也。"《小取》对五种比辞类推的总结，涉及语言指号、指谓对象、使用者和使用语境四项关系，与先秦古汉语的语法、语义和语用紧密联系，是中国古代的论证逻辑和逻辑语义学、语用学，是诸子百家争鸣辩论的有效工具和锐利武器。

三十三、"是而然"比词论证

"是而然"：肯定前提正确，肯定结论正确。这是侔式论证有效式。《小取》说："白马，马也；乘白马，乘马也。骊马，马也；乘骊马，乘马也。获，人也；爱获，爱人也。臧，人也；爱臧，爱人也：此乃是而然者也。""是而然"：用"是"（对，正确）和"然"（对，正确），表示肯定性的断定，制定正确的侔式论证形式。这种侔式论证肯定前提成立，肯定结论也成立。

《大取》说："一曰乃是而然。""是而然"术语重出。《大取》列举了两个"是而然"的侔式论证。其一，"［秦马，马也；］友有于秦马，友有于马也"：秦马是马，朋友有秦马，朋友有马。其二，"爱人不外己，己在所爱之中。己在所爱，爱加于己。伦列之：［己，人也；］爱己，爱人也"：圣人爱人，不排除爱自己，自己也在所爱之列。自己也在所爱之列，爱就也加于自己。论式：自己是人；爱自己是爱人。这是对荀子批评的回答。

《荀子·正名》说"圣人不爱己"是"惑于用名以乱名者也。验之所以为有名，而观其孰行，则能禁之矣"。"圣人不爱己"是墨子观点。墨子提倡以夏禹为榜样，自苦利人，"爱人"，"不爱己"。荀子认为圣人爱人，而圣人也是人，所以圣人爱人包括爱自己。说"爱人不爱己"是把自己从"人"的普遍概念中排除，是用"不爱己"的混乱概念，搞乱"爱人"概念的正确定义，不符合定名别异的目的。《大取》说"己，人也。爱己，爱人也"，这种"附性法"的复杂概念推理，符合"是而然"的侔式论证格式。荀子批评"圣人不爱己"的论点不是来自《大取》。由于荀子的批评，墨家学派修正了墨子观点。

"是而然"的侔式论证，肯定前提正确，在肯定前提的主谓项前各加一个表示关系的动词，形成新的肯定命题，也正确。莫绍揆说："所谓'是而然'，可用下列公式代表：A＝B，同时又有 CA＝CB。"① 公式可修改为：A 是 B，并且 CA 是 CB。这里"是"和"然"，都指肯定的断定。"是"即正确，对，与"非"相对。《小取》说："夫辩者，将以明是非之分。""是非"指正误，对错，真假。"然"指是，对，表肯定。《小取》用"是"表示出发命题（前提）的正确、对、真。如："白马，马也。"即"白马是马"，这一命题的真值为"是"，即正确、对、真。《小取》用"然"表示结束命题（结论）的"是""对"。如："乘白马，乘马也。"即"乘白马是乘马"，这一命题的真值为"然"，即是、对。

用现代逻辑方法分析第一个实例：由于"白马"的概念真包含在"马"的概念中，所以，与"白马"的一部分发生"乘"的关系，必然是与"马"的一部分发生"乘"的关系。这是由一般到个别的演绎推理，推论形式

---

① 莫绍揆：《数理逻辑初步》，上海人民出版社 1980 年版，第 169 页。

有必然性。前提肯定"白马是马"，结论必然肯定"乘白马是乘马"。

用数理逻辑符号语言表示推论过程：B 代表一元谓词"是白马"，M 代表"是马"，R 代表"是人"，C 代表"乘"二元关系，则"因白马是马，所以乘白马是乘马"推论公式：∵ ∀y(By → My) ∴ ∀x〔Rx →（∃y）〔By ∧ Cxy → My ∧ Cxy〕〕读为：对任一个体 y 来说，如果 y 是白马，则 y 是马，可推出，对任一个体 x 来说，如果 x 是人，则存在个体 y，y 是白马，并且 x 乘 y，可推出，y 是马，并且 x 乘 y。

墨家"白马是马"的推论跟当时"白马非马"的诡辩对立。"白马非马"的诡辩在历史上有许多故事流传。公孙龙著《白马论》，论证"白马非马"。《公孙龙子·迹府》载公孙龙说："龙之所以为名者，乃以白马之论尔。龙之学以白马为非马者也。使龙去之，则龙无以教。"《韩非子·外储说左上》说："兒说，宋人，善辩者也，持白马非马也，服齐稷下之辩者。乘白马而过关，则顾白马之赋。故借之虚辞，则能胜一国，考实按形，不能谩于一人。"桓谭《新论》说："公孙龙常争论曰白马非马，人不能屈。后乘白马，无符传，欲出关，关吏不听。此虚言难以夺实也。"高诱《吕氏春秋·淫辞》注："龙乘白马，禁不得度关，因言马白非马。"高诱《淮南子·诠言训》注："公孙龙以白马非马、冰不寒、火不热为论。"三国魏刘邵《人物志·材理篇》凉刘昞注说，公孙龙论证"白马非马"，"一朝而服千人，及其至关必赋，直而后过也。"唐《古类书》第一种文笔部说："公孙龙度关，官司禁曰：'马不得过。'公孙曰：'我马白，非马。'遂过。"

三十四、"是而不然"比词论证

"是而不然"：肯定前提正确，肯定结论不正确。这是侔式推论无效式。《小取》说："获之亲，人也；获事其亲，非事人也。其弟，美人也；爱弟，非爱美人也。车，木也；乘车，非乘木也。船，木也；入船，非入木也。盗，人也；多盗，非多人也；无盗，非无人也。奚以明之？恶多盗，非恶多人也；欲无盗，非欲无人也。世相与共是之，若若是，则虽：盗，人也；爱盗，非爱人也；不爱盗，非不爱人也；杀盗，非杀人也，无难矣。此与彼同类，世有彼而不自非也，墨者有此而非之，无他故焉：所谓内胶外闭，与心无空乎内，胶而不解也。此乃是而不然者也。"

《大取》："二曰乃是而不然。""是而不然"术语重出。《大取》列举两个"是而不然"的侔式论证：其一，"一人指，非一人也；是一人之指，乃是一人也"：一个人的指头，不是整个人。但在特殊情况下，确认一个人的指头，可以确认整个人。如挖掘北京猿人指头的化石，等于挖掘北京猿人。其二，"方之一面，非方也；方木之面，方木也"：方形的一面，不是方形；方木头的一面，是方木头。

莫绍揆说："所谓'是而不然'，可用下列公式代表：$A = B$，但 $CA \neq CB$。"[①] 这一公式可修改为：A 是 B，并且 CA 不是 CB。运用傅伟勋的创造性诠释学方法分析"是而不然"侔式论证，可分析为两个层面：第一，对象逻辑和应用逻辑。所谓对象逻辑，是墨辩元逻辑面对的概括素材。所谓应用逻辑，是墨家辩论采用的实际推论。这种对象逻辑和应用逻辑，就是从"获之亲，人也"到"杀盗，非杀人也"的原话。第二，元逻辑和理论逻辑。所谓元逻辑和理论逻辑，是墨辩概括的譬、侔、援、推论证方式的定义、公式和规则。墨辩的概括，比其面对的对象逻辑高一层次，所以叫元逻辑。"元"即"超越"。墨家辩学的概括，比墨家辩论的应用逻辑多出理论的内容，所以叫理论逻辑。墨辩的元逻辑和理论逻辑，是分析墨辩面对的对象逻辑和应用逻辑的工具性元理论，揭示出墨辩面对的对象逻辑和应用逻辑的深层结构。

---

① 莫绍揆：《数理逻辑初步》，上海人民出版社 1980 年版，第 169 页。下同。

《小取》"是而不然"侔式论证的原文，可以分析为两部分。第一部分："获之亲，人也；获事其亲，非事人也。其弟，美人也；爱弟，非爱美人也。车，木也；乘车，非乘木也。船，木也；入船，非入木也。盗，人也；多盗，非多人也；无盗，非无人也。恶多盗，非恶多人也；欲无盗，非欲无人也。世相与共是之。"这是譬式论证中的"举他物"（列举其他事物、喻体、譬词），侔式论证中的"是而不然"（肯定前提正确，肯定结论不正确），援式论证中的"子然"（你可以那样），推式论证中的"其所取者"（对方所赞成的，即归谬推理的前提），规则中的"有诸己"。

第二部分："则虽盗，人也；爱盗，非爱人也；不爱盗，非不爱人也；杀盗，非杀人也，无难矣。此与彼同类，世有彼而不自非也，墨者有此而非之，无他故焉：所谓内胶外闭，与心无空乎内，胶而不解也。"这是譬式论证中的"而以明之"（所要说明的事物、本体、主体、论题），侔式论证中的"是而不然"（肯定前提正确，肯定结论不正确），援式论证中的"我奚独不可以然"（为什么我不能那样），推式论证中的"以其所不取之，同于其所取者，予之也"（用对方所不赞成的跟对方所赞成的属于同类反驳对方，即归谬法）。体现论证的规则："以类取，以类予。有诸己不非诸人，无诸己不求诸人。"

"杀盗非杀人"，是墨家从当时社会现实情况出发，代表小私有生产者利益，提出的特殊论题，有特殊的语用含义。当时最高政权周王室衰微，几个较大的诸侯国连年征战图霸，社会秩序混乱，盗贼横行，执政者缺乏有力的整治措施。《兼爱中》："盗爱其室，不爱异室，故窃异室以利其室。"《明鬼下》："民之为淫暴寇乱盗贼，以兵刃毒药水火，退无罪人乎道路术径，夺人车马衣裘以自利者并作，由此始，是以天下乱。"

墨家"杀盗非杀人"的特殊语用含义，是武装盗贼打劫"农与工肆之人"，"农与工肆之人"在你死我活的生命财产争夺战中，迫不得已，因自卫而杀死强盗，不是一般意义上的"杀人"（杀好人，即犯杀人罪）。墨家作为小私有生产者的代表，秉持侠义精神，提出"杀盗非杀人"的论题，是为小私有生产者的正当防卫行动辩护，有一定的正义性和合理性。

墨家"是而不然"的侔式论证包含 11 个子论式。受11 个子论式语境的制约，在其前提命题的主项前，加一个表示关系、数量、愿望或动作的词素，形成新概念，具有不同于前提命题的新含义，如果不在结束命题中加一个"非"字，会发生"偷换概念"的逻辑错误。所以11 个子论式就成为"是而不然"的侔式论证，而不能成为"是而然"的侔式论证。这里论式的是非对错，不是靠形式决定，而是靠语境、语义和语用决定，超出形式逻辑的范围，进入语义学和语用学的领域。

以下分析11个子论式中语词意义随语境而改变的情况："获之亲，人也；获事其亲，非事人也"："事亲"是"事奉父母"，尽孝心，不是"事奉人"，作别人的奴仆。"其弟，美人也；爱弟，非爱美人也"："爱弟"是"姊弟的同胞之爱"（古代"弟"也指妹妹），不是"爱美人"的性爱。"车，木也；乘车，非乘木也"："乘车"是"乘木头制成的车子"，不是"乘木"，即"乘未加工的原木"。"船，木也；入船，非入木也"："入船"，是"进入木头制成的船"，不是"入木"，即进入棺木。

"盗，人也；多盗，非多人也"："多盗"是指"某地强盗多"，不是指"某地人多"。"［盗，人也；］恶多盗，非恶多人也"："恶多盗"是"厌恶某地强盗多"，不是"厌恶某地人多"。"［盗，人也；］无盗，非无人也"："无盗"是指"某地没有强盗"，不是指"某地没有人"。"［盗，人也；］欲无盗，非欲无人也"："欲无盗"是采取措施，"想让某地没有强盗"，不是"想让某地没有人"。"盗，人也；爱盗，非爱人也"："爱盗"是"强盗的同伙，同党"，爱强盗正是"不爱人"，即不爱好人，而不能说是"爱人"。"［盗，人也；］不爱盗，非不爱人也"："不爱盗"即"对强盗划清界限，深恶痛绝"，正是

"爱人"，即爱好人，而不能说是"不爱人"。"［盗，人也；］杀盗，非杀人也"："杀盗"是"农与工肆之人"正当防卫，杀死谋财害命的强盗，不是一般意义上的"杀人"（杀好人，即犯杀人罪）。

《吕氏春秋·去私》说，"墨者之法""杀人者死，伤人者刑"。这里"杀人"是指杀好人，即犯杀人罪，与"杀盗非杀人"中的"杀人"不是同一概念。

荀子反驳这一命题。《荀子·正名》说："'杀盗非杀人也'，此惑于用名以乱名者也。验之所以为有名，而观其孰行，则能禁之矣。"荀子把墨家"杀盗非杀人"的命题看作是"用名以乱名"的惑乱，即用"杀人"的特殊语用含义，搞乱"杀人"一般生物学含义的诡辩。荀子认为，可以用"所为有名"（为什么要有名称，即制名目的）的原则反驳。荀子否定墨家"杀人"的特殊语用含义，只承认"杀人"的一般生物学含义，认为强盗是人，杀强盗是杀生物学意义上的人，不是杀与"人"概念相对的其他动物。如果说"杀盗"不是"杀人"，是把作为"盗"的人，从普遍概念"人"中排除，不符合"别同异"的制名原则。

按荀子的理解，论式"盗，人也；杀盗，非杀人也"，应该改为"盗，人也；杀盗，杀人也"。荀子认为，这一议论的模式应该是"是而然"。但墨家恰恰是在说明，这一议论的模式不应该是"是而然"，而应该是"是而不然"。

荀子对"杀盗非杀人"命题的批评，着眼于"盗"的生物学意义。墨家对"杀盗非杀人"命题的辩护，着眼于"盗"的伦理学意义。两家对同一概念的意义理解不同，应用的论证模式不同，结论也不同。

在生物学意义上，杀强盗是杀作为强盗的人，不能说是杀"人"之外的其他动物。在这个意义上，荀子批评墨家"杀盗非杀人"是"惑于用名以乱名"（用"杀人"的特殊语用含义，搞乱"杀人"的一般生物学意义），有一定道理。但荀子只从生物学意义上批评墨家"杀盗非杀人"的辩论是诡辩，抹杀墨家"杀盗非杀人"命题的具体语用含义，是《墨经》说的"体见"（片面观察），不是"尽见"（全面观察）。

"杀盗非杀人"的论题在战国时期有正反双方的激辩。辩论正方是墨家，对这一论题给出正面论证。辩论反方是荀子，对这一论题给予反驳。双方在辩论中，为战胜论敌，都妙用思维表达技艺，催生不同的逻辑理论：墨家概括辩学，探讨论证方式；荀子概括名学，制定正名原则。理论视域不同，学说结论各异。

三十五、"不是而然"比词论证

"不是而然"：肯定前提不正确，肯定结论正确。这是侔式推论无效式。《小取》说："读书，非书也；好读书，好书也。斗鸡，非鸡也；好斗鸡，好鸡也。且入井，非入井也；止且入井，止入井也。且出门，非出门也；止且出门，止出门也。若若是：且夭，非夭也；寿且夭，寿夭也。有命，非命也；非执有命，非命也，无难矣。此与彼同类，世有彼而不自非也，墨者有此而非之，无他故焉：所谓内胶外闭，与心无空乎内，胶而不解也。此乃不是而然者也。"

这种侔式论证，否定前提正确，否定结论错误。莫绍揆说："所谓'不是而然'，可用下列公式代表：$A \neq B$，但 $CA = CB$。"这一公式可修改为：A 不是 B，并且 CA 是 CB。"不是而然"的侔式论证列举了 6 个子论式，说明在语言运用中，存在奇妙的增减、分合是否有效的规律。在所列举 6 个子论式的词组中，减去一个成分不成立，而在增加另一个成分的情况下，再减去这个成分却成立。这涉及语言、对象和语言使用者的语用学问题；模态命题的关系和推理，渗透着儒墨论争的意义。

以下分析 6 个子论式的论证结构："读书"，不是"书"；"好读书"，是"好书"。"读书"是动宾式词组，其中"读"是动作，"书"是"读"的动作涉及的对象。从"读书"中减去"读"，只剩"书"，说"读书"是"书"显然不行。但是"好读书"，在语言习惯上，可以简化为"好书"，仍约定俗成地理解为指"好读书"。"好"读 hào，指喜爱，跟"恶"（wù）相对。现代汉语中有这种用法，如"好喝酒"，可简化为"好酒"；"好待客"，可简化为"好客"等。"斗鸡"，不是"鸡"；"好斗鸡"，是"好鸡"。分析同上。

"且入井"，非"入井"也；"止且入井"，"止入井"也。"且入井"，即"将要入井"，这是可能命题，反映可能性。"入井"是实然命题，反映现实性。二者不相等。所以说："且入井，非入井也。"这是合乎逻辑的。而"止且入井"，即"阻止将要入井"，是否定"且入井"，即"将要入井"的可能性，那么"入井"的现实性，就不会出现，所以说："止且入井，止入井也。"这也是合乎逻辑的。《小取》这样认识，从西方现代模态逻辑说，也都是正确的。这是墨家从辩论实践中体会到的逻辑真理，体现深湛的学理智慧。"且出门"，非"出门"也；"止且出门"，"止出门"也。分析同上。

"且夭"，非"夭"也；"寿且夭"，"寿夭"也。"将要夭折"的可能性，不等于"夭折"的现实性。而采取措施，积极医疗，改善营养卫生条件，"阻止将要夭折"，把"将要夭折"的可能性除去，却是"阻止夭折"，"夭折"的现实性就不会出现。这一论式是对儒家命定论的反驳。墨家反对儒家的命定论，主张"强力而为"。《非儒》批评儒家："强执有命以说议曰：寿夭贫富、安危治乱，固有天命，不可损益。穷达、赏罚、幸否有极，人之智力不能为焉。"墨家认为这是害人的哲学。《墨经》把人的疾病、死亡，看作可以认识和人力有所作为的自然现象，把医治疾病作为人类的基本实践活动和可达到预期目的的例子，不承认命定论因素。《经下》："且然不可止，而不害用功，说在宜。"《经说下》："宜，犹是也。且然必然，且已必已。且用功而后然者，必用功而后然。且用功而后已者，必用功而后已。"即使"且夭"不可阻止，也不妨害用人力做功，充分发挥主观能动性，战胜疾病，争取长寿，这里关键在于做功适宜，把握分寸，合乎规律。

"有命"，非"命"也；"非执有命"，"非命"也。即儒家宣扬"有命"论，不等于真的有"命"存在。墨家反对儒家"有命"论，则是否定"命"的存在，证明"有命"的论题。墨家有《非命》三篇，专门论证"非命"论题。"非命"，即否定"命"的存在，主张"强力而为"，积极发挥能动性。

运用傅伟勋的创造性诠释学方法分析"不是而然"的侔式论证，可分析为两个层面：第一，对象逻辑和应用逻辑。从"读书，非书也"到"非执有命，非命也"的原话。第二，元逻辑和理论逻辑。

《小取》"不是而然"侔式论证的原文，可以分析为两部分。第一部分"读书，非书也；好读书，好书也。斗鸡，非鸡也；好斗鸡，好鸡也。且入井，非入井也；止且入井，止入井也。且出门，非出门也；止且出门，止出门也"，是譬式论证中的"举他物"（列举其他事物、喻体、譬词），侔式论证中的"不是而然"（否定前提正确，否定结论错误），援式论证中的"子然"（你可以那样），推式论证中的"其所取者"（对方所赞成的，归谬推理的前提），规则中的"有诸己"。

第二部分"若若是：且夭，非夭也；寿且夭，寿夭也。有命，非命也；非执有命，非命也，无难矣。此与彼同类，世有彼而不自非也，墨者有此而非之，无他故焉：所谓内胶外闭，与心无空乎内，胶而不解也"，是譬式论证中的"而以明之"（所要说明的事物、本体、主体、论题），侔式论证中的"不是而然"（否定前提正确，否定结论错误），援式论证中的"我奚独不可以然"（为什么我不能那样），推式论证中的"以其所不取之，同于其所取者，予之也"（用对方所不赞成的跟对方所赞成的属于同类反驳对方，即归谬法）。体现论证的规则："以类取，以类予。有诸己不非诸人，无诸己不求诸人。"

墨家列举大量语言运用的实例，类比论说当时学派争论的问题。墨家总结"不是而然"侔式论证的现实用意是为反对儒家的命定论，主张积极发挥人的主观能动性，解决儒墨论争的问题。这说明百家争鸣促进了中国逻辑学诞生；同时中国逻辑学的诞生，又促进了百家争鸣的问题解决。

三十六、"一周而一不周"比词论证

"一周而一不周"：一个断定有时周遍所有对象，有时不周遍所有对象。《小取》说："爱人，待周爱人而后为爱人；不爱人，不待周不爱人。失周爱，因为不爱人矣。乘马，不待周乘马，然后为乘马也。有乘于马，因为乘马矣。逮至不乘马，待周不乘马，而后为不乘马。此一周而一不周者也。"

这是"一个断定有时周遍所有对象，有时不周遍所有对象"的侔式论证。莫绍揆说："所谓'一周而一不周'，可用下式代表：AB一语，有时A遍及B各分子，有时则否。"在以下4例中，语言构造A对应于"爱""不爱""乘""不乘"，B对应于"人""马"。"周"和"不周"，是指A是否周遍于论域B的所有分子、对象、个体。

以下分析《小取》列举的4个案例。"爱人"周：按照墨家兼爱说，"爱"必须周遍所有人，这是墨家的道义

理想，与有人（如强盗和攻国者）不被爱的现实无关。"不爱人"不周：按照墨家兼爱说，"不爱人"不要求周遍地不爱所有人才算"不爱人"，只要不爱任意一个人、部分人，就算"不爱人"。

"乘马"不周："乘马"，不要求周遍地乘所有马才算"乘马"，只要乘任意一匹马就算"乘马"。"不乘马"周："不乘马"要求不乘任何一匹马才算"不乘马"。就"乘马"和"不乘马"这种日常生活的例子而言，"周"的意思约略相似于形式逻辑的"周延"。按形式逻辑的规则，"x乘马"是肯定命题，谓项"乘马"不周延，即"乘马"的概念除了x还有其他对象。"x不乘马"是否定命题，谓项"乘马"周延，即谓项"乘马"的论域被x全部否定、排除，或者说"乘马"的论域中不包含x。

就"爱人"和"不爱人"这种涉及墨家政治伦理理想的例子而言，"周"的意思与形式逻辑的"周延"说相反。按形式逻辑的规则，"x爱人"是肯定命题，谓项"爱人"不周延，但按墨家"兼爱"的道义理想，"爱人"要求周延，即必须周遍地爱所有人，才可以说是"爱人"，才符合墨家的兼爱理想。

这种矛盾情况从逻辑的最新发展看有解：逻辑有不同领域分支，有不同命题推理规则。通常形式逻辑领域是事实、现实、真值、实然的领域，而墨家的"兼爱"说是道义、理想、价值、应然的领域，跟事实、现实、真值、实然的领域无关。因此，《小取》说的"爱人""不爱人"的周延情况，就跟普通形式逻辑规则相反。

三十七、"一是而一非"比词论证

"一是而一非"：一个语言简约公式，代入一种内容正确，代入另一种内容不正确。《小取》说："居于国，则为居国；有一宅于国，而不为有国。桃之实，桃也；棘之实，非棘也。问人之病，问人也；恶人之病，非恶人也。人之鬼，非人也；兄之鬼，兄也。祭人之鬼，非祭人也；祭兄之鬼，乃祭兄也。之马之目眇，则为之马眇；之马之目大，而不谓之马大。之牛之毛黄，则谓之牛黄；之牛之毛众，而不谓之牛众。一马，马也。二马，马也。马四足者，一马而四足也，非两马而四足也。一马，马也。二马，马也。马或白者，二马而或白也，非一马而或白。此乃一是而一非也。"

《小取》"一是一非"的侔式论证，强调语言运用的复杂性，不能用个别代替一般，把特例当作公式。莫绍揆说，所谓"一是而一非"，可用下列公式代表：$f(A) = g(A)$，但 $f(B) \neq g(B)$。即两个语句结构 $f(x)$ 和 $g(x)$，用 A 代入，二者意义相同；用 B 代入，二者意义不同。

以下分别解释《小取》的 9 个子论式。"居于国，则为居国；有一宅于国，而不为有国"："居于国"，即居住在一个国家，可以简称为"居国"；"有一宅于国"，即有一座住宅在一个国家，却不能简称为"有国"，即领有一个国家。"居于国"和"有一宅于国"意思相近，其简缩结构"居国"（居住在一个国家）和"有国"（领有一个国家）意思不同。

"桃之实，桃也；棘之实，非棘也"：桃树的果实称为桃；棘树（酸枣树）的果实不称为棘（称为酸枣）。"问人之病，问人也；恶人之病，非恶人也"：探问别人的疾病，可以简称"探问人"；讨厌别人的疾病，不能简称"讨厌人"。"人之鬼，非人也；兄之鬼，兄也"：在一般意义上，"人的鬼魂"不等于"人"；在特殊意义上，"兄的鬼魂"可权且代表兄。"祭人之鬼，非祭人也；祭兄之鬼，乃祭兄也"：在一般意义上，"祭祀人的鬼魂"不等于"祭祀人"；在特殊意义上，"祭祀兄的鬼魂"可权且代表"祭祀兄"。

"之马之目眇，则为之马眇；之马之目大，而不谓之马大"："这个马的眼睛眇"可以简称为"这马眇"，因为"眇"就是指"眼睛"；"这个马的眼睛大"不能简称为"这马大"，因为"大"指的是形体，不是指"眼睛"。二者不可类推。

"之牛之毛黄，则谓之牛黄；之牛之毛众，而不谓之

牛众"："这个牛的毛黄"可以简称为"这牛黄"，因为
"牛黄"就是指"牛的毛黄"；"这个牛的毛众"（毛长得
茂密）不能简称为"这牛众"（牛的个数多）。

"一马，马也。二马，马也。马四足者，一马而四足
也，非两马而四足也"：一匹马是马，两匹马是马，说
"马四足"是指一匹马四足，不是指两匹马加起来"四
足"，即"四足"的性质属于"马"的集合的一个元素
（个体），而不是属于"马"的集合。"一马，马也。二
马，马也。马或白者，二马而或白也，非一马而或白"：
一匹马是马，两匹马是马，说"马或白"（有的马是白
的），是在至少有两匹马的情况下才可以这样说，如果在
只有一匹马的情况下就不能这样说。在只有一匹马的情况
下只能说"唯一的马白"，用不着说"马或白"。在"马
或白"的命题中，"马"是由两个个体以上组成的集合
（类、普遍概念），"或"是特称量词，相当于现代汉语
"有的""有些""有"。以上是《小取》"一是而一非"的
侔式论证。

《经下》列举"一是而一非"的侔式论证说："推类之
难"，"说在之""二与斗"、"白与视、丽与暴、夫与屦。"
《经说下》解释说："俱斗不俱二：二与斗也"，"白马多
白，视马不多视：白与视也。为丽不必丽，为暴必暴：丽
与暴也。为非以人，是不为非，若为夫勇，不为夫；为屦

以买衣，为屦：夫与屦也"。

类推存在困难和导致谬误的机会，论证这一点可以列举二与斗、白与视、丽与暴、夫与屦等事例。如说"甲与乙斗殴"，可以说"甲与乙俱（都）在斗殴"，但"甲与乙二人"不能说"甲与乙俱是二人"（只能说"甲与乙俱是一人"）。说"白马"是指马身上白的地方多，但说"视马"却并不需要多看上几眼。人为地想打扮得美丽，结果却不一定真的美丽，但人为地残暴，结果一定就是残暴。因为别人的原因而被迫犯错误，并不等于自己主观上想犯错误，就像表现武夫之勇不等于做丈夫，但是做鞋子以用来交换衣服却就是做鞋子。

"推类"，即类推，指各种类比推论。"推类之难"，即推论中所遇到的困难和容易出现的谬误。"甲与乙斗"，可以说"甲与乙俱斗"，即他们合起来才能斗殴。"甲与乙二"，不能说"甲与乙俱二"，只能说"甲与乙俱一"，因为尽管甲与乙合起来是二，但分开说还都是一。这涉及概念的集合与非集合意义。"俱一"为《墨经》惯用语和基本概念，见《经说下》"俱一与二"，《经下》"说在俱一、惟是"，《经说下》"俱一若牛、马四足"。

《大取》列举"一是而一非"的侔式论证。"以臧为其亲也而爱之，爱其亲也；以臧为其亲也而利之，非利其亲也"：把臧误认为自己的父亲而爱他，是爱父亲的表现；把臧误认为自己的父亲而利他，并不是真正有利于父亲。"臧"：男仆名。"以乐为利其子而为其子欲之，爱其子也；以乐为利其子而为其子求之，非利其子也"：以为音乐对儿子有利，而为儿子考虑音乐，是爱儿子的表现；以为音乐对儿子有利，而为儿子千方百计地寻求使其沉溺于音乐的条件，并不是真正有利于儿子。墨家坚持"非乐"，认为沉溺于音乐耽误做事，对儿子不利。"虑获之利，非虑臧之利也，而爱臧之爱人也，乃爱获之爱人也"：考虑获的利益，不等于考虑臧的利益；而爱臧的爱人，跟爱获的爱人是一样的。

《小取》要求注意事物、思维、语言、论证的复杂性、多样性，不同侔式论证有不同形式和规则，当它们被混淆时，会出现谬误和诡辩。墨家逻辑是百家争鸣的武器和辩论的工具，《小取》用较多篇幅讨论谬误问题，表现出墨家逻辑的应用性、实践性和批判性。

三十八、擢：典型分析式归纳论证

"擢"：引出。《说文》："擢，引也。"指从一个典型事例思考抽取一种必然性，并得到确证，则不用怀疑。《经下》说："擢虑不疑，说在有无。"《经说下》说："擢。疑无谓也，臧也今死，而春也得之，之死也可。"从一件事情中抽取思考一种必然性，可以不用怀疑，论证的理由在于究竟事实上有没有这种必然性。怀疑是没有意义的。臧在目前这种医疗条件下，得某种不治之症而死，春不幸得这种不治之症，她也必死无疑。这实质上是典型分析式归纳论证。如解剖一麻雀，就可以论证所有麻雀的结构；分析一部蒸汽机，就可以论证所有蒸汽机的结构功能。"虑"：思考，探求。不疑：不用怀疑。《经说上》说："必也者可勿疑。""臧"：男仆名。"春"：女奴名。

三十九、诺：对话论证法

"诺"是对话论证法，用于讲授科学知识。《经上》说："诺，不一，利用。"《经说上》说："相从、相去、先知、是、可。五色、长短、前后、轻重援。""诺"的方式不止一种，可根据具体情况应用。"相从"（从已知知识，跟随做出结论）、"相去"（从已知的选择关系和已有的选择出发，排除其他选择）、"先知"（断定先前已知）、"是"（确定断定个体）、"可"（对所提问题做肯定回答），是五种常用的对话问答方式。"五色、长短、前后、轻重"，是讲授科学问题时常被援引的素材。"援"：援引，用来，指"五色、长短、前后、轻重"等是常被援引来讲授科学问题的素材。

"相从"：从已知的大前提和问方给出的小前提出发，由答方跟随之给出相应的结论。相当于演绎法中的直言或假言三段论。如已知："所有的圆都是一中同长。"问方又说："这个图形是圆，那么怎么样？"答方说："这个图形是一中同长。""从"：本义跟从，随从。

"相去"：从已知的若干选择关系和问方给出的某种选择出发，由答方排除其他的选择。相当于演绎法中选言三段论的肯定否定式。如已知："时或有久或无久。"问方又说："始当无久，那么怎么样？"答方说："始非有久。""去"：本义除去，排除。

"先知"：断定先前已知的知识。如先前已知"圆无直"（一圆周上任何三点都不在一直线上）的定理，现在需要用它作推论的前提，问方可以说："我们先前不是已知'圆无直'吗？"答方可以说："是的，我们先前已知'圆无直'。"

"是"：此，这个，用来确定一个断定的个体。问方问："哪一个点是此圆的圆心？"答方指着图形说："这一个点是此圆的圆心。""可"：许可，能，可以，对所提问题做肯定的断定。问方说："中央可以为旁吗？"答方说："可。"意味着肯定对方的问题，中央可以为旁，即一圆的圆心之点，可兼作另一圆圆周之点。

《经上》说："正无非。"《经说上》说："五诺，皆人于知。有说，过五诺，若圆无直。无说，用五诺，若自然矣。"正确的科学理论排除了其中错误成分。讲授科学问题时，借助五种问答方式，人人对论题都已经知晓。假如论题还需要证明，可以一一经过五种问答方式，如对"圆无直"（一圆周上任何三点都不在一直线上）的定理的证明就是这样。假如论题不需要证明，用五种问答方式中的一部分，特别是后两种（是、可），论题就好像是自明的一样。"说"：推理，证明。

四十、效：公式演绎论证法

"效"：效法，仿效；法式，公式，形式，格式；建立和代入公式的演绎法。《小取》说："效者为之法也，所效者所以为之法也，故中效则是也，不中效则非也，此效也。"莫绍揆说，"效"是建立和代入公式的演绎法，"和亚里士多德的演绎逻辑实质上是同一内容的两种处理方式"。

四十一、故：推论原理说论据

"故"：原因，理由，根据。《小取》说："以说出故。""言多方，殊类，异故。"《大取》说："夫辞以故生。"《经上》说："故，所得而后成也。"《经说上》说："小故。""大故。"《经上》说："使：谓；故。"《经说上》说："湿，故也，必待所为之成也。"《经上》说："巧传则求其故。"对代代相传的手工业技巧技术，则探求它的原因和规律。

《经说上》说："问故观宜。""故"是论据。"宜"即合适、妥当、有效。《经说上》说："霍，为姓故也。"古"霍""鹤"通，"霍"（鹤）因为兼做人的姓氏的缘故，所以一个姓"霍"（鹤）的人，既是"霍"（霍先生，老霍），又不是"霍"（鹤）。这是《墨经》证明"同异交得"（对立统一）普遍规律的一例。

《非攻上》说："是何故也？""此何故也？"《天志下》说："不与其劳获其实，已非其所有而所取之故。"《非儒下》说："无故从有故。"《公孟》说："'何故为乐？'曰：'乐以为乐也。'子墨子曰：'子未我应也。今我问曰：何故为室？曰：冬避寒焉，夏避暑焉，室以为男女之别也。则子告我为室之故矣。今我问曰：'何故为乐？'曰：'乐以为乐也。'是犹曰：'何故为室？'曰：'室以为室也！'"

四十二、理：推论原理说条理

"理"：条理，道理，大前提。《大取》说："三物必具，然后足以生。夫辞以故生，以理长，以类行者也，立辞而不明于其所生，妄也；今人非道无所行，虽有强股肱，而不明于道，其困也，可立而待也。"故、理、类三范畴齐备，论题才能必然推出。论题合乎条理推出。"理"：道理，条理，方法，形式。理与道、理、方、法、效同义，可互训。墨子曾概括"法"的范畴，《法仪》中有"百从工事，皆有法所度"，"天下从事者，不可以无法仪，无法仪而其事能成者，无有也"。《非命》中说立言有"法"，并提出"言有三法"，即"三表"。循法即循理。《经上》说："法，所若而然也。"《经说上》说："意、规、圆三也，俱可以为法。"《经上》说："循，所然也。"《经说上》说："然也者，民若法也。"法则（规律）是人们遵循它而能得到确定结果的东西。如人按照圆的定义，使用圆规，拿一个圆形来模仿，都可以作为画圆的法则。

《大取》把"理"作为"立辞三物"（建立论点的三范畴）之一，把"辞以理长"作为推论的一个重要原则，认为建立一个论题所进行的推论过程应该有条理，符合道理，拿人所走的道路来比喻"理"。理是理由与推断之间的联系方式。

《大取》把故、理、类三范畴并列，作为"立辞三物"，《小取》则改以故、方、类三范畴并列，说"言多方、殊类、异故"。"方"犹"理"，意为道理、条理、方法、方式、形式、法式。《小取》："效者，为之法也。所效者，所以为之法也。故中效则是也，不中效则非也。此效也。""效"是总结、提供方法、方式、形式、法式（"为之法"），如总结、提供譬、侔、援、推、止等方法。"中效"就是推论遵照、符合这些标准的方法、方式、形

式、法式。莫绍揆解释:"效者,为之法也"是建立公式;
"所效者,所以为之法也"是被建立的公式本身;"故中效
则是也,不中效则非也"是代入公式,符合公式即真,不
符合公式即假。此解释精确独到。

《墨经》总结、提供的各种推论形式,就是要弟子们
在辩论中应用、模仿。《大取》"辞以理长",是要求推论
符合理由与推断之间的联系方式,如止式推论中用反例
"有人不黑",驳斥一个不正确的全称命题"所有人黑",
即是合理、合宜、中效。

跟"故"范畴一样,"理"范畴也是"语经"(语言表
达的基本规律)的重要组成部分,是推论中"立辞三物"
之一。"理"跟推论的关系,体现为"辞以理长"的原
则。《大取》把"辞以理长"作为推论"必具"的三原则
之一,即建立论题的推论过程必须符合道理、有条理,并
以"道"喻"理":"今人非道无所行,虽有强股肱,而
不明于道,其困也,可立而待也。"没有道路,人无法行
走。虽有强健体魄,但如果不明道路,也必然立刻遇困。
同样,推论不循理,也无法进行。

《大取》说:"三物必具,然后足以生。"认为推论遵
守"辞以理长"的原则,是"辞"即论点足以产生的一个
必要条件。如果不遵守"辞以理长"的原则,则是导致
"辞"即论点不足以产生的一个充分条件。如果一个推论

遵守"辞以理长"等原则，结论就能必然产生。

《墨经》把包含必然性的推论看作最有说服力的论证。因为《墨经》把"必"即必然模态定义为全称和永远："一然者、一不然者，必不必也，是非必也。""必，不已也。""谓一执者也。"认为"必也者可勿疑"。如《墨经》为说明"说知"的含义而列举的实例：我亲眼看见"室外东西的颜色是白的"，又有人告诉我："室内东西的颜色与室外东西的颜色相等。"我就可以必然地推出："室内东西的颜色是白的。"用《墨经》的话说："若白者必白，今也知其色之若白也，故知其白也。""若"即相等。如《经说上》说由圆心到圆周的距离都相等（"心，自是往相若也"）。"相等"这个关系词的含义，决定了这个演绎推理结论推出的必然性。

《墨经》还列举实例说明不具有必然性的推理。《经下》说："无说而惧，说在弗必。"《经说下》说："子在军，不必其死生。闻战亦不必其死生。前也不惧今也惧。"从"儿子在军队"这一个前提，推不出"儿子现在死了"。从"儿子在军队"和"听到现在打仗了"的前提，也推不出"儿子现在死了"。建立在这种不具有必然性的推论基础上的恐惧，是不必要的。

《小取》说："夫辩者，将以明是非之分，审治乱之纪，明同异之处，察名实之理。"《经说下》说："观'讹，

穷知而悬于欲也'之理。"《经说下》说："论诽之可不可
以理。理之可诽，虽多诽，其诽是也。其理不可诽，虽少
诽，非也。"

四十三、类：推论原理说类例

"类"：类例，类别；表事物同异界限范围的范畴。
类有相对性和绝对性。事物类由其性质决定。事物在某方
面有共同性叫一类，有不同性叫不类。两个以上个体组成
类（集合，整体，群体）。类是推理论证规则的范畴。

《大取》说："三物必具，然后足以生。夫辞以故生，
以理长，以类行者也，立辞而不明于其所生，妄也；今人
非道无所行，虽有强股肱，而不明于道，其困也，可立
而待也；夫辞以类行者也，立辞而不明于其类，则必困
矣。"推论过程必须符合事物类别关系，否则必然遭困。
"杨木之木，与桃木之木也同。""小圆之圆，与大圆之圆
同。""同类之同。""浸淫之辞，其类在鼓栗。圣人也为天
下也，其类在于追迷。或寿或卒，其利天下也相若，其类
在誉名。一日而百万生，爱不加厚，其类在恶害。爱二
世有厚薄，而爱二世相若，其类在蛇纹。爱之相若，择
而杀其一人，其类在坑下之鼠。小仁与大仁行厚相若，
其类在田。凡兴利，除害也，其类在漏瓮。厚亲不称行
而顾行，其类在江上井。'不为己'之可学也，其类在猎

走。爱人非为誉也，其类在逆旅。爱人之亲，若爱其亲，其类在官苴。兼爱相若，一爱相若，一爱相若，其类在死蛇。"

《小取》说："以类取，以类予。""言多方、殊类、异故，则不可偏观也。""此与彼同类，世有彼而不自非也，墨者有此而非之，无他故焉：所谓内胶外闭，与心无空乎内，胶而不解也。"

《经上》说："同：重、体、合、类。"《经说上》说："有以同，类同也。"《经上》："异：二、不体、不合、不类。""不有同，不类也。"《经上》说："名：达、类、私。"《经说上》说："马，类也，若实也者必以是名也命之。"

《经下》说："一法者之相与也尽类，若方之相合也，说在方。"《经说下》说："方尽类，俱有法而异，或木或石，不害其方之相合也。尽类犹方也，物俱然。"《经下》说："止，类以行之，说在同。"

《经下》说："推类之难，说在之大小、物尽、同名、二与斗、爱、食与招、白与视、丽与暴、夫与屦。"《经下》说："异类不比，说在量。"《经说下》说："曰'牛与马不类'，用'牛有角，马无角'，是类不同也。若不举'牛有角，马无角'，以是为类之不同也，是狂举也，犹'牛有齿，马有尾'。"

《非攻下》说："子未察吾言之类，未明其故者也。彼非所谓攻，谓诛也。"《公输》说："义不杀少而杀众，不可谓知类。""臣以三事之攻宋也，为与此同类，臣见大王之必伤义而不得。"

四十四、"知类"原则

"知类"：知道事物类别。《非攻下》说当时"好攻伐之君"，为自己攻伐掠夺的行径辩护，批评墨子的"非攻"学说"以攻伐之为不义"不对，援引"昔者禹征有苗，汤伐桀，武王伐纣，此皆立为圣王"的事例，作为辩论根据。墨子反驳说："子未察吾言之类，未明其故者也。彼非所谓攻，谓诛也。"指出辩论对方的论证犯不知类的逻辑谬误。《公输》："义不杀少而杀众，不可谓知类。"《鲁问》："世俗之君子，皆知小物而不知大物。今有人于此，窃一犬一彘则谓之不仁；窃一国一都，则以为义。譬犹小视白谓之曰，大视白则谓之黑。是故世俗之君子知小物而不知大物者，此若言之谓也。"

四十五、"过名"谬误

"过名"："过而以已为然"，事情已经过去了，还以过去曾经如此为理由，而说现在还是如此。这属于认知谬误。《经下》说："或过名也，说在实。"《经说下》说："知是之非此也，又知是之不在此也，然而谓此南北，过而以已为然。始也谓此南方，故今也谓此南方。"名称有时会过时，论证的理由在于，事物的实际情况已经起了变化。知道这个已经不是这个了，又知道这个已经不在这里了，然而因为过去曾经把这个地方叫"南""北"，现在就还说这个地方是"南""北"。这就是事情已经过去了，还以"过去曾经如此"为理由，而说"现在还是如此"。因为开始把这个地方叫"南方"，所以现在还把这个地方叫"南方"。"过名"：名称过时，不适合当前情况。"是之非此"：这个已经不是这个，指事物性质变化，"此"亦即"是"。"是之不在此"：这个已经不在这里，指事物空间变化。"过而以已为然"：事情已经过去了，还拿"事情曾经如此"作为理由，推论说"现在还是如此"。《墨经》不赞成这种逻辑。

《经说下》说："知与？以已为然也与？过也。"认为"以已为然"（因为过去曾经如此，就说现在还是如此）不算知识，而是属于"疑"（猜疑、臆测，意见）的一种。《大取》说："昔之知穑，非今日之知穑也。"过去知道节俭，不等于现在知道节俭。"过名"谬误属于推理论，强调不能从"过去必然类推现在"，误以"或然"为"必然"。

四十六、"狂举"谬误

"狂举":胡乱列举,论据不当,是一种谬误类型。《经下》说:"狂举不可以知异,说在有不可。"《经说下》说:"牛与马虽异,以'牛有齿,马有尾',说'牛之非马也'不可。是俱有,不偏有,偏无有。曰'牛与马不类',用'牛有角,马无角',是类不同也。若不举'牛有角,马无角',以是为类之不同也,是狂举也,犹'牛有齿,马有尾'。"

胡乱列举一些性质,不能用以说明事物的区别,论证的理由在于这些性质不能把事物区别开来。牛与马虽然不同,但是用"牛有齿,马有尾"做根据来说"牛与马是不同类的",是不能成立的。因为齿和尾是牛与马都有的,不是一个有,一个没有。说"牛与马是不同类的",用"牛有角,马无角"来作为根据,可以区分出它们类别的不同。如果不举类似"牛有角,马无角"这样的性质,以此为根据来论证它们类别的不同,那就算是"狂举"(胡乱列举),犹如列举"牛有齿,马有尾"。"狂举"即乱举,胡乱列举事物的一些性质来说明其类别关系,这是中国古代逻辑学术语。"俱":都,全称量词。"偏":部分。

《经下》说:"仁义之为内外也,悖,说在牾颜。"《经说下》说:"仁,爱也。义,利也。爱利,此也。所爱所

· 169 ·

利，彼也。爱利不相为内外，所爱利亦不相为外内。其谓：'仁，内也。义，外也。'举爱与所利也，是狂举也，若'左目出，右目入'。"

把仁说成是内在的东西，而把义说成是外在的东西，这是矛盾、混乱的，论证的理由在于这相当于把人的面部器官的作用搞乱。仁的实质是爱人，义的实质是利人。爱人之心和利人之心是主观的东西。所爱的对象和所利的对象是客观的东西。爱人之心和利人之心不能分为内在的东西与外在的东西。所爱的对象和所利的对象也不能分为外在的东西与内在的东西。对方说："仁是内在的东西，义是外在的东西。"这是将爱的主观方面和利的客观方面相提并论，是狂举（乱举），这就像说"左眼是管输出形象的，右眼是管输入形象的"一样荒谬。

四十七、"狗非犬"诡辩

"狗非犬"：狗名非犬名，这是用分析法驳辩者的诡辩。《经说下》说："知狗而自谓不知犬，过也，说在重。"《经说下》说："知狗重知犬则过，不重则不过。"从一定意义上说，知道狗而自己说不知道犬，是错误的，论证的理由在于，狗和犬是重名。如果在知狗与知犬相重合的意义上，说"知狗而不知犬"是错误的。如果在知狗与知犬不相重合的意义上，说"知狗而不知犬"就不算是错误。

《经下》说："狗，犬也。而杀狗非杀犬也不可，说在重。"《经说下》说："狗，犬也。杀狗，谓之杀犬，可，若蛹蜕。"狗是犬，而说"杀狗不是杀犬"不对，论证的理由在于狗和犬是"二名一实"的"重同"。狗是犬。杀狗，说是杀犬，是成立的。这就像蛹、蜕二名都是指茧虫一实。"蛹蜕"：茧虫的两个别名。

墨家把知识分为"名、实、合、为"四种，并用分析法批评辩者"狗非犬"的诡辩。就"名知"说，狗名不是犬名，知狗名不等于知犬名，在这个意义上，可以说"狗非犬""知狗非知犬"。就"实、合、为"三种"知"说，不能说"狗非犬"。从"实知""合知"说，狗、犬是二名一实，是"重同"，在这个意义上，不能诡辩说"狗非犬""知狗非知犬"。从"为知"说，杀狗就是杀犬，在这个意义上，也不能诡辩说"狗非犬""杀狗非杀犬"。

墨家指明了"狗非犬"命题的合理性和界限，以及辩者诡辩的谬误成因。《庄子·天下》载诡辩家有"狗非犬"的论题。唐成玄英《庄子疏》说："狗、犬同实异名。名实合，则彼谓狗，此谓犬也。名实离，则彼谓狗，异于犬也。"

狗、犬是同一实体，不同名称。狗、犬二名和同一实体综合考虑，有人说是狗，有人说是犬，都是指同一实体，在这个意义上，应该说："狗是犬。"如果把名称和实体分离开来说，即只考虑名称，不考虑实体，则有人说是狗，当然不等于说是犬，在这个意义上可以说："狗非犬。"如果用"以偏概全"的不正当论证方法，把"狗非犬"的特殊意义说成普遍意义，就会造成"狗非犬"的诡辩。

第二节
墨经哲学堪称优，世界哲学攀高峰

一、物是达名外延广，世界观察攀高峰

世界观是对世界整体的看法，又叫宇宙观，本体论，存在论，形上学。

1.物是达名外延广，有实必待物命名

《经上》说："名：达、类、私。"《经说上》说："物，达也，有实必待之名也命之。""物"是"达"名，外延最大的名，外延最广的普遍概念，最高类概念，范畴。概括宇宙间万事万物的总名，相当于现代物质范畴。墨家认为人类认识的全部目的，是"摹略万物之然"和"所以然"，反映事物的本来面目、本质和规律。这是墨家对人与世界关系这一哲学基本问题的正确回答。

"摹略万物之然"的"物"，是《墨经》哲学概括的首个范畴。"物质"是外延最大的哲学范畴（普遍概念），

概括世界所有存在的实体。墨家从世界观、宇宙观、本体论、存在论和形上学高度，回答哲学的基本问题，规定"物""实""形""有"的哲学范畴。"物""实""形""有"，即物质、实体、形体、存在范畴，它们外延相同，内涵一致。《经上》说："盈，莫不有也。"《小取》说："尽，莫不然也。"《经说下》说："盈无穷，则无穷尽也。"物质、实体、形体、存在，充盈穷尽无穷宇宙。

墨家把物质、实体、形体、存在看作宇宙本原。《大取》说："名，实名，实不必名。"《经说下》说："有之实也，而后谓之。无之实也，则无谓也。"物质、实体、形体、存在是第一性的，名、谓（概念、判断）是第二性的，前者决定后者，而不是相反。这是朴素科学的一元论的世界观，是墨家积极能动反映论的认识论、辩证方法论、辩论逻辑学的哲学基础。

狭义《墨经》四篇183条5739字，无一字句谈神论鬼，从墨子的有神论彻底转变为无神论，坚持朴素科学的世界观，攀登当时世界哲学的最高峰，是中国传统优秀文化的典范。哲学世界观是对整个世界运动规律的概括，它提出和解决的第一个问题是世界的本原、本质是什么，是物质，还是精神？或者说是神？这是世界观的根本问题。对这个问题的不同回答构成不同的哲学学说，如一元论（一个本原）、二元论（两个本原）、唯物论（从物质出发）、唯心论（从精神出发）、有神论（有神存在）、无神论（无神存在）等。

世界观也叫宇宙观、本体论、存在论和形而上学（简称"形上学"）等。"形而上学"概念有歧义。这里说"形而上学"，不是指跟辩证法对立的"形而上学"概念，而是指作为本体论、世界本原论的"形而上学"概念。世界和宇宙是一个意思，本意指时间和空间，简称时空，《墨经》专有名词叫"宇久"。"宇久"即宇宙，指空间和时间。"宇"：空间。"久"，即"宙"：时间。本体论是关于世界本原的哲学学说，即世界本性、存在本质的学说，也叫存在论。世界本原，即世界的根源来源、存在形式和根据。"本原"一词的希腊文原文意为开始，一译"始基"。希腊哲人认为，一切存在物由本原构成，从本原产生，复归于本原。中国古代哲学的本体论探究天地万物产生、存在、变化、发展的原因和根据。

世界观、宇宙观、本体论、存在论和形而上学等，指哲学中回答世界本原、本质等根本问题的学问。如果向《墨经》作者提问：世界的本原、本质是什么？是物质还是精神？或者说是神？《墨经》作者会说，世界的本原、本质是物质，不是精神，不是神。这是《墨经》论述的必然结论。

《墨经》的"物"概念是无神论。狭义《墨经》四篇摈弃墨子"天志"、鬼神观念，总结哲学、逻辑学、科学（包括数学、物理学、光学、力学、简单机械学）和其他人文学（包括经济学、政治学、伦理学、教育学、文艺学和军事学）各种科学知识。

崇尚人类智慧，重视事实证据，是墨学发展史中的确凿事实。正确运用历史分析法，揭示墨家学说在战国二百多年间从有神到无神，从迷信到科学的质变，划分科学与迷信、真理与谬误、精华与糟粕的界限，取其精华，弃其糟粕，古为今用，是现代墨学研究的重要课题。《墨经》总结的世界观、科学和人文学，与鬼神无关，《墨经》的理论、理性和科学精神值得继承弘扬。

古代东西方哲学都流行把世界本原归结于某些具体物质形态的观点，如西周末年史伯认为，"土与金、木、水、火杂，以成百物"，这是五行创世说。墨家的世界本原论，以概括万类、包罗万象的"物""实""形""有"（物质、实体、形体、存在）范畴为核心，与古代东西方其他哲学体系以具体物质形态为世界本原相比，有精粗之别，是一种较为发达和成熟的朴素辩证唯物论世界观。《公孙龙子·名实论》说："天地与其所产焉，物也。"《荀子·正名》说："万物虽众，有时而欲遍举之，故谓之物。物也者，大共名也。"这都与墨家的"物"范畴内涵本质一致。

现代物质概念的规定是现代科学世界观的基石。现代物质概念是指客观实在不依赖于人的意识，为人的意识所反映。物质是标志客观实在的哲学范畴，通过人的认知器官可以认知，不依赖于人的认知器官而存在。物质概念是外延最大的最高类概念。物质概念的内涵，即客观实在性，是所有物质最普遍、最本质的属性，是从人与世界关系这一哲学基本问题角度观察，为宇宙各种具体物质形态所共同具有的一般共性。《墨经》"物"概念的规定，是古代朴素科学世界观的基石。《墨经》认为"物"的"达名"即范畴，是概括世界所有存在实体的最大类概念。比较《墨经》"物"概念和现代物质概念，撇开其古今语言与成熟程度之别，可见其意涵的本质共同性和一致性。

2. "实"：实物，实体，实在

客观世界的物质存在，是语词概念存在的本体论根源。《大取》说："名，实名，实不必名。"《小取》说："以名举实。"即用语词概念摹拟事物实质。《经上》说："举，拟实也。"《经说上》说："告以之名举彼实也。"说"以名举实"的"举"（标举、列举），是指摹拟事物的实质。告诉你这个"名"（语词、概念），是为了标举（反映）那个"实"（实物、实体、实质）。

3. "形"：形体

《经上》说："力，形之所以奋也。"力是物体运动变化的原因。"形"：形体，物体。《经上》说："生，形与知处也。"生命现象是形体与精神并存。形体与精神二者兼有，就有生命现象。但形体与精神不是经常必然兼有。"形"又特指人的身体。《大取》说："以形貌命者，必知是之某也，焉知某也。""诸以形貌命者，若山丘室庙者皆是也。"以事物的形体状貌来命名的语词概念（实体概念、具体概念），一定要知道这个事物是什么，才能了解它。各种以事物的形体状貌来命名的语词概念（实体概念、具体概念），如山丘室庙等都是。

4. "有"：存在

本体论、存在论和物质观的重要用语。《经上》说："盈，莫不有也。"无穷世界到处充盈物质。

5. "久弥异时"：时间范畴的定义

《经上》说："久，弥异时也。"《经说上》说："久：古今旦暮。"即时间范畴的定义。"久"（宙）即时间，是概括一切不同时段（如古今早晚）的范畴。"弥"：概括。"异时"：不同时段。

6. "宇弥异所"：空间范畴的定义

《经上》说："宇，弥异所也。"《经说上》说："宇：东西南北。""宇"（空间概念）是一切不同处所的概括，如东方、西方、南方、北方。"所"：处所，空间。"宇久"即后来说的"宇宙"。"久""宙"一声之转。"宇久""宇宙"是空间和时间的合成。"宇"：空间。

7. "行修以久"：走路用时间

《经下》说："行修以久，说在先后。"《经说下》说："行者必先近而后远。远近，修也。先后，久也。民行修必以久也。"走一定长度的路程（空间），需要占有一定长度的时间，论证的理由在于，人走一定长度的路程，有先后的区别。走路的人，必然要先走近，而后走远。远近是空间的长度，先后是时间的久暂。人走一定长度的路程，必然占有一定长度的时间。物质、运动、时间和空间有必然联系。这是用走路为例，讨论物质、运动、时间和空间的辩证关系。一切物质运动，都必然占有空间，经历时间，时间和空间互相渗透，都与物质运动有必然联系。时间和空间是同一物质运动的不同存在方式，这揭示出物质、运动、时间和空间不可分割的辩证联系。

8. "宇徙久"：空间迁徙时绵延

这是说明空间和时间范畴的对立统一规律，它们相互联系和依赖。《经下》说："宇徙，说在长宇久。"《经说下》说："宇。宇徙而有处，宇南宇北，在旦又在暮，宇徙久。"物体在空间迁徙运动的时间性，论证的关键在于说明物体的运动随着空间的转移，也同时经历时间的绵延。物体在空间中迁徙运动，要占有一定的处所（空间），例如物体在空间中由南往北迁徙运动，在时间上经历了由早到晚的过程，所以物体在空间中的迁徙运动也同时经历时间的绵延。

9."区不可遍举宇"：有限区域不穷举

《经下》说："宇进无近远，说在步。"《经说下》说："区不可遍举宇也。进行者先步近，后步远。"宇宙无穷大，物质在宇宙迁徙运动，没有绝对的远近，只有相对的远近，论证的理由在于，用人走路为例。一个具体有限的区域，不可能穷举无限大的宇宙。就走路来说，必须先走近，后走远。"区"：指一个具体的区域。"宇"：指整个宇宙。

10.有穷无穷两分法

"久"即时间分成有穷和无穷的两重性。《经说下》："久：有穷、无穷。"

11.有穷大与无穷小

《经上》说："始，当时也。"《经说上》说："时或有久，或无久。始当无久。""始"的概念相当于无穷小的时间量"无久"，即恰恰是开始的那一点刹那。时间测量分为有穷大和无穷小。《经说上》说，"有久之不止"，"若人过梁"。"无久之不止"，"若矢过楹"。"有久"指有穷大的时间量，如人走过一座桥梁，是"有久"之行。"无久"指无穷小的时间量，如飞箭穿越一根柱子边缘，占有一无穷小的时间量"无久"和一无穷小的空间量"无厚"。

《庄子·齐物论》有否认"始"概念确定性的诡辩："有始也者，有未始有始也者，有未始有夫未始有始也者。"有开始,有"未曾开始"的开始,有未曾开始"未曾开始"的开始。这是用归谬法证明没有确定的"开始"概念,认为要说"开始",就会陷于恶性循环。假如你说"开始",那我就说还有"开始"的开始,"没有开始"的开始,最后"开始"和"没有开始"纠缠不清无界限,谁也不能说"开始"。

墨家反对这种诡辩,提出"无久"即无穷小时间的概念。"始"的概念相当于无穷小的时间量"无久",尽管是极微小的时间量,毕竟是客观存在的、确定的、可计量的物理量。墨家的说明方式是列举个别具体事例,以小见大,以浅喻深,以近喻远,以巧妙机智的方法,说明最高的哲学智慧,讲清物质、运动、时间、空间和有穷、无穷的抽象辩证哲理,从技巧方法到观点结论都值得今人学习借鉴。

墨家对物质、运动、时间、空间、有穷、无穷等哲学范畴及其辩证关系的认识,与古今中外优秀哲学思想一致,既富于哲学的抽象性、思辨性,又富于自然科学的具体性、论证性。墨家描绘的世界图景是:物质、实体是宇宙的全部存在者。物质运动必然占有空间,经历时间。物质、运动、时间、空间,都有"有穷"和"无穷"的双重性。

墨家经过文化轴心时代战国时期二百多年百家争鸣的洗礼,通过对工匠技艺"求故""取法"的科学探索和哲学思考，把哲学与自然科学知识相结合，登上当时世界哲学的最高峰，至今仍给我们以深刻的智慧启迪。

二、人类天性是求知，认知理论内容丰

认识论是关于认识来源、本质、分类和标准的理论，是哲学的一个部门，又叫知识论、认知理论。墨翟的认识论有经验论倾向和理性论因素。《墨经》的认识论，内容丰富、精到、深刻，感性理性并重，重视自觉实践的知识（为知）。《墨经》中的"知"是多义词，知识智慧考察细。

1. "知"：知识，认知

"知"是认识论范畴，是多义词，随语境不同而有"知识，知道，认知，知觉"等不同语义。该词论及认知能力、活动、源泉、阶段和形态等，深刻精到。

2. "知"：认识能力

《经上》说："知，材也。"《经说上》说："知也者，所以知也，而不必知，若明。"认知能力是人的材质潜能。作为人的材质潜能的认知能力是获取知识的必要条件，人类借以认知事物，但不必然获得知识。如仅有明亮的眼睛和健全的视力，却未必见物，见物还需要其他条件配合（如对象存在，适当距离和光照）。"知，材也"和"知也者"的"知"，指人的认知能力，人类求知的材质潜能。"所以知也"的"知"，指知识。"若"：譬喻词。"明"：

指明亮的眼睛，健全的视力，见物的能力。

人类与生俱来的认知器官，是知识产生的基础和条件，是尚未运作发挥的人类自身的自然中沉睡着的潜力。墨家肯定人类有求知的材质潜能，酷似亚里士多德说"求知是人类的本性"[1]。目之"明"，即能敏锐辨别形体，是视觉器官功能健全。墨家重视觉器官的特殊作用，《经上》第1条举例"若见之成见"，第3至6条均以视觉器官的作用为举例、譬喻的素材。墨家常以"见""视""观"的视觉，作为举例、譬喻的素材。亚里士多德在《形而上学》开宗明义畅论视觉对认知的特殊作用说："人们总爱好感觉，而在诸感觉中，尤重视觉。""较之其他感觉，我们都特爱观看。理由是：能使我们认知事物，并显明事物之间许多差别，此于五官之中，以得于视觉者为多。"[2]

3."知"：感性认识

《经上》说："知，接也。"《经说上》说："知也者以其知过物，而能貌之。若见。"感性认知是接触外界事物而产生的。感性认知是用人的认知能力，跟事物相过从（相交往），而能描摹出其相貌。譬如人以健全的视觉器

---

① 〔古希腊〕亚里士多德：《形而上学》，吴寿彭译，商务印书馆1959年版，第1页。

② 〔古希腊〕亚里士多德：《形而上学》，吴寿彭译，商务印书馆1959年版，第1页。

官与事物接触，而能看见事物。

"知"：特指感性认知。"知也者"的"知"，特指感性认知（结果）。"以其知"的"知"，指人的认知能力（手段）。这是对感性认知的定义和说明。其定义，用最浓缩的语言，揭示感性认知的特有属性、本质属性是"接"（接触），意即感性认知是由人的感官接触外界对象而产生。

《经说》解释，感性认知是用人的感官，接触外界对象相过从（来往，交往），而能描绘（描摹，反映）事物状貌（状况，然，现象）。"过"，即过从，来往，交往，指人用感官跟事物打交道，互相作用。结果就能在人的意识中描绘（描摹，反映）事物的状貌（状况，然，现象）。《墨经》以其特殊的表达方式，仅用"接""过"和"貌"三字，说明感性认知的特有属性、本质属性。

依照《墨经》对感性认识的定义和解释，第一种"知"，即感性认识的特点，是用一个"接"字表示。"接"，是主体的感性认识器官眼耳鼻舌身五种，《墨经》有专门术语叫"五路"，五种接触外界、感受信息的通路、通道和门径。"五种感官"的说法，古今中外一样。

4."恕"：理性认识

《经上》说："恕，明也。"《经说上》说："恕也者，以其知论物，而其知之也著，若明。"理性认识是把握事物的本质规律，有清楚明白的特点。理性认识是用认识器官分析整理事物，认识深切显明。如人用心观察，把事物看清楚。理性认识是"明知"，清楚明白的知识；是"论物"之知，经过分析整理的系统知识。"恕也者"的"恕"指理性认识。"以其知"的"知"指认识器官。"论"：分析、整理，使认识有条理。"著"：显著，深切显明，透彻明白。

理性认识是比感性认识更高的认识阶段。《经下》说："知而不以五路，说在久。"五种感觉器官眼耳鼻舌身叫"五路"，接受外界信息的五种通路。如抽象概括的哲学范畴"时间"，不能单靠五种感官认知，还要依靠心智器官思考把握。五种感官提供经验知识，心智器官用思考把握"时间"范畴。五种感官提供的经验知识对心智器官把握"时间"范畴的作用是必要条件，相当于光线对于见物的作用。

墨家定义"时间"的哲学范畴是"弥异时"，是概括"古今旦暮"等不同具体时间形式的抽象概念，它不能仅靠五种感官来认知，还需依靠心智思考才能把握。《墨经》论述各门科学的抽象知识是从工匠生产技艺中概括的理性认识。理解和运用概念、规律的抽象知识，是墨家认识论的要求。"明知"或"论物"之知，即理性认识，墨家用一个特制的字表示，即"恕"，组成一个新的会意字，表示通过心智思考得到理性认识。《墨经》感性和理性并重，有明显的理性论倾向。

5.“知”：认识来源形式

《经上》说：“知：闻、说、亲；名、实、合、为。”《经说上》说：“传受之，闻也。方不彰，说也。身观焉，亲也。所以谓，名也。所谓，实也。名实耦，合也。志行，为也。”

知识的种类：闻知、说知、亲知。知识的形态：名知、实知、合知、为知。传授来的知识是闻知，由已知推论未知是说知，亲自观察得来的是亲知，称谓陈述事物手段的知识是名知，对称谓陈述对象的知识是实知，概念理论和实际结合的知识是合知，自觉行动的知识是为知。

“知”是知识，“闻”是传授来的知识，“说”是推论的知识，“亲”是亲身观察的知识，“名”是概念和理论的知识，“实”是对实际情况的知识，“合”是概念、理论跟实际结合的知识，“为”是自觉行动，即实践的知识。“方”是比方推论。“方不彰”是由已知测未知。“耦”：配合，结合。

人跟世界的关系可归结为认识世界和改造世界两件大事。认识世界，墨家总称为“知”；改造世界，墨家总称叫“为”，相当于“实践”。与此相应，墨家把认识世界分为“名、实、合”三种“知”。从改造世界说有“为知"，深刻独到。

"闻、说、亲"三种"知"，是从认识的来源与获取知识的手段划分的。"名、实、合、为"四种"知"，是从认识的形式、形态划分的。《经上》说："闻：传、亲。"《经说上》说："闻：或告之，传也。身观焉，亲也。""闻知"分为"亲闻"和"传闻"。有人告诉的叫传闻，亲身在场听到、看到的叫亲闻。墨家认为亲闻的真实性高于传闻。

墨家以某人受伤生病为例，区分"亲知"和"闻知"两种认知方式。《经上》说："物之所以然，与所以知之，与所以使人知之，不必同，说在病。"《经说上》说："或伤之，〔所以〕然也。见之，〔所以〕知也。告之，〔所以〕使知也。"事物之所以如此的原因，与人们知道这原因的途径，与使人知道的方式，不一定相同。如某人生病，在某种情况下他受到伤害，这是他生病的原因。亲眼看到他因受伤而生病，这是知道这原因的途径。亲口告诉了别人，这是使人知道的方式。

"说知"即推论之知，是不同于"亲知"和"闻知"的间接知识，是靠推论得来的。"说知"：推论出来的知识。这是以"亲知"和"闻知"为前提，用演绎推论推演出新知识。

6."知"：闻知

《经上》说："闻，耳之聪也。循所闻而得其意，心之察也。"听闻是健全的听觉器官耳朵的功能。根据所听到的言辞，而把握其中的含义，是心智的考察分析作用。《经上》说："知：闻、说、亲；名、实、合、为。"《经说上》说："知。传受之，闻也。"知识的种类：闻知、说知、亲知；名知、实知、合知、为知。

传授来的知识是闻知。"闻"：闻知，听闻传授来的知识。《经上》说："闻：传、亲。"《经说上》说："闻。或告之，传也。身观焉，亲也。"闻知有传闻和亲闻的不同。有人告诉某种情况，这叫传闻。亲身在场听到、看到某种情况，这叫亲闻。

7. "知"："说知"就是推论知

"说知"是不同于"亲知"和"闻知"的间接知识，是靠推论得来的。《经下》说："闻所不知若所知，则两知之，说在告。"《经说下》说："在外者，所知也。在室者，所不知也。或曰：'在室者之色若是其色。'是所不知若所知也。犹白若黑也，孰胜？是若其色也，若白者必白。今也知其色之若白也，故知其白也。夫名以所明正所不知，不以所不知疑所明。若以尺度所不知长。外，亲知也。室中，说知也。"

"说知"：推论出来的知识。这是以"亲知"和"闻知"为前提，用演绎推论推演出新知识。列式：〔亲知〕室外之物颜色是白色。〔闻知〕室内之物颜色和室外之物颜色相同。［说知］所以，室内之物颜色是白色。

8.“知”：亲知

《经下》说：“知：闻、说、亲。”《经说下》说：“知。传受之，闻也。方不彰，说也。身观焉，亲也。”知识的种类：闻知、说知、亲知。传授来的知识是闻知，由已知推测未知是说知，亲自观察得来的是亲知。“亲”：亲身观察得来的知识。《经下》说：“闻：传、亲。”《经说下》说：“闻。或告之，传也。身观焉，亲也。”闻知有传闻和亲闻的不同。有人告诉某种情况，这叫传闻。亲身在场听到某种情况，这叫亲闻。

9.“知”：“名知”就是概念知

《经说下》说：“或以名示人，或以实示人。举友富商也，是以名示人也。指是鹤也，是以实视人也。”或者是用名称语词概念让人了解，或者是展示实体让人了解。如甲对乙说：“我的朋友丙是富商。”乙不认识丙，没有同丙打过交道，通过甲告知乙“朋友丙是富商”这个“名”（语词概念）所表示的性质，乙对丙就有了概念的认识。

“名知”即概念理论知识，既有重要认识价值，也有片面性、局限性。片面性、局限性是“知其名，不知其实”，知道名称概念，不知名称概念的实际所指。墨子批评“今天下之诸侯”“攻伐兼并”，知“义”之名，“而不察其实”，就像瞎子会说“白黑之名”，却不能分清白黑的实际事物。

10. "知"："实知"就是实际知

《经说下》说："或以名示人，或以实示人。举友富商也，是以名示人也。指是鹤也，是以实视人也。"指着眼前的动物或教具标本说："这是鹤。"这相当于实指定义的交际方式，通过展示实物，让人了解。

"实知"是认识的实物素材和经验基础，也有片面性、局限性。片面性、局限性是"知其实，不知其名"，知道实体，不知其名称概念，需进一步从实际知识上升到概念理论的认识。

11. "知"："合知"就是结合知

《经上》说："知：闻、说、亲；名、实、合、为。"《经说上》说："名实耦，合也。"概念理论和实际结合的知识是合知。书本知识和经验知识的结合，是既知其名，又知其实。就认识世界而言，它是结合亲知和闻知、名知和实知的全面知识。如学生通过教师系统讲授，考察，参观，演示，知道鹤的名和实、理论和实际知识。

12. "知"："为知"就是实践知

《经上》说："知：闻、说、亲；名、实、合、为。"《经说上》说："志行，为也。""为知"的定义是"志行"。"志"，是意志、意识、动机。"行"，是行动、行为、实践。"志行"：有目的、有计划、有意识的自觉行动，相当于"实践"。

《经上》说："行，为也。""为：存、亡、易、荡、治、化。"《经说上》说："为：甲台，存也。病，亡也。买鬻，易也。消尽，荡也。顺长，治也。蛙、鹑，化也。"列举6种重要的实践行为：制甲造台是保存的行为，治病是消除的行为，买卖是交易的行为，消除净尽是荡平的行为，遵循规律生长是治理的行为，蛙鹑养殖是促使生物变化的行为。

墨家关注各种社会实践活动，与儒家主要关注道德实践行为大相径庭。"为知"是知识、思想和行动、实践的统一。这是最高类型的知识，是在理论指导下的自觉实践能力。墨家认识论重视素质、知识和能力的统一，主张人以自己的认识能力认识世界之后，应转化为改造世界的实践能力。墨家把认识和实践相结合，把人有目的、有计划的自觉行为、实践引入认识论的范畴。

列宁说："卓越的地方是：黑格尔通过人的实践的、合目的性的活动，接近于作为概念和客体的一致的'观念'，接近于作为真理的观念。极其接近于下述这点，人以自己的实践证明自己的观念、概念、知识、科学的客观正确性"；"认识过程，其中包括人的实践和技术"；"人从主观的观念，经过'实践'（和技术），走向客观真理"。[①]

人的智力是按照人如何学会改变自然界而发展的，人也反作用于自然界，改变自然界，为自己创造新的生存条件。墨家把"存、亡、易、荡、治、化"的自觉实践活动叫"为知"，纳入认识论的范畴，这种做法深刻独到。

13."知与意异"：知识假说有不同

《大取》说："知与意异。""知"：知识智慧，是关于事实和必然性的认识。"意"：假说想象，有或然性，不确定。科学需要假说想象，但假说想象不等于科学；假说想象被证实，才会变为科学。墨家对假说想象的认识跟现代科学方法论一致。假说是对自然现象尝试性的说明。科学有时就是由假说演变而来。

墨家曾提出大胆假说。《经下》说："发之绝否，说在所均。"《经下》说："发均，悬轻重。而发绝，不均也。均，其绝也莫绝。"这是对公孙龙"发引千钧，势至等也"论点的论证。"均"：均匀。"绝"：断绝。"均"是物质的理想均匀状态。"绝"是均匀状态的破坏，发生突变。如果真正"均"，状态不发生突变，就不会"绝"。"发"纤细脆弱，悬物会断绝。墨家说，如果头发结构均匀，可悬

① 〔苏联〕列宁：《哲学笔记》，人民出版社 1956 年版，第 203、204、215 页。

挂轻重物体，不断裂。头发断裂是由于结构不均匀。墨家的设想在今日得到证明。金属线弹性形变的实验证明，金属线所受张力大到一定程度，不会断绝；而存在较细、有伤损裂痕、含杂质部分等情况时会断绝。墨家科技哲学重视科学实验和理性思维，不排除假说想象，把假说想象看作认识的环节、阶段和过程，但在科学认知理论上，区别知识智慧和假说想象。

《墨经》把知识看作是对事物的"然"及其"所以然"的认识，即对事实及其必然性的认识。

"然"：事实如此，用实然命题表示。"所以然"：事实的原因、本质和规律，用必然命题表示。对事实和必然性的正确认识，能经得起实践检验，即在人的自觉行动中，能确证主观认识跟客观事实相符合。

《经下》说："以楹为抟，于'以为'无知也，说在意。"《经说下》说："楹之抟也，见之，其于意也不易，先知。意，相也。若楹轻于萩，其于意也洋然。"没有经过确认，就主观地"以为柱子是圆柱形的"，这种"以为"，只是臆测，相当于假说，不算知识。如果"柱子是圆柱形的"被实际观察到，那么这个判断就是确定的知识。如果凭空想象"柱子比萩蒿还轻"，这只是茫然无据的臆测。"楹"：柱。"抟"：圆柱形。"以为"：主观想象，而非必然性的推论。"知"：知识。"意"：臆测，猜测，想象。"秋"：一种蒿类植物。"洋然"：茫然。

《经下》说："意未可知，说在可用、过仵。"《经说下》说："碬、锤、锥俱事于屦，可用也。或绘屦过锤，与或锤过绘屦同，过仵也。"臆测有不确定性。如碬石（砧子）、锤和锥等工具，都可被工匠用于做鞋子，而做鞋子的工艺流程、操作程序可以有所变通。如果凭空臆测工匠一定"先合帮，后过锤"，或"先过锤，后合帮"，不等于事实果真是如此，因而不算知识。

《墨经》还列举事实说明猜测不算知识。《经下》说："疑，说在逢、循、遇、过。"《经说下》说："逢为务则士，为牛庐者夏寒：逢也。举之则轻，废之则重，若石羽，非有力也；沛从削，非巧也：循也。斗者之弊也，以饮酒，若以日中，是不可知也：遇也。知与？以已为然也与？过也。"逢到某人做这件事，就以为他是这件事的主管；逢到某人建牛棚，就以为他是为了夏日避暑。某人遵循杠杆原理，利用桔槔机提举重物，举起时如羽毛一样轻，放下时如大石一样重，就猜测他是了不起的大力士。某人顺势循理刮削木头，木屑纷然落下，就猜测他有了不起的技巧。偶遇有人在闹市上斗殴，就猜测他们是由于酗酒，或是因为在贸易中发生争执。是确切地知道呢？还是仅仅根据过去如此，就认为现在还是如此？猜测可用或然命题表示，是待证的假说，不算知识。

14. 心：心智心思和心意

《经说上》说："循所闻而得其意，心之察也。执所言而意得见，心之辩也。"

15. 虑：思虑考虑和思考

《经上》说："虑，求也。"《经说上》说："虑也者，以其知有求也，而不必得之。若睨。"思虑是求知的活动和状态。人用认识能力求知，未必获得知识，如人用眼睛斜视，未必看清物体。人类特有的主观能动性能认识、改造世界，特点是积极探求。墨家定义认识要素"思虑"的特有属性是探求，是以自身认知能力求取知识的状态、活动和过程。

16. "火不热"：驳斥辩者诡辩语

《经下》说："火热，说在视。"《经说下》说："火。谓火热也，非以火之热我有，若视日。"火本身是热的，这可用看太阳的经验证明。说"火热"，并不是说火的热为我身体所有，如看太阳，热从太阳发出，不是从我眼睛发出。这是用朴素实在论、感觉论、经验论，反驳"火不热"的诡辩。

《庄子·天下》说，辩者提出许多诡辩论题跟惠施辩论，其中有"火不热"的诡辩。唐成玄英《庄子疏》："譬杖加于体，而痛发于人，人痛杖不痛；亦犹火加体，而热发于人，人热火不热也。"用棍子打人，人感到痛，而棍子不痛，类推用火加于人，人感到热，而火本身不热。

这是用"不当类比"方法进行诡辩。这种方法忽视了人的痛觉和火的热性是两回事。依照这种诡辩，可以任意把事物的所有性质，如颜色、声音、香臭、甜苦、冷热等，说成人的主观感觉，否认事物本身的客观实在性，导致主观唯心论和不可知论的诡辩。

古希腊智者普罗泰戈拉说："在一阵风吹来时，有些人冷，有些人不冷；因此我们不能说它本身是冷的或是不冷的。"[1]智者"风不冷"的怪论把冷说成人的主观感觉，否认客观事物本身的实在性，酷似辩者"火不热"的诡辩。

17."目不见"：驳斥辩者诡辩语

《经说下》驳辩者的诡辩："'以目见'而目见，'以火见'而火不见。"墨家认为眼睛是见物的器官，光线是见物的条件，两个"以"字的意思不一样，不能用光线不能见物为理由，否认眼睛能见物。

《经说上》第 1 条解释"大故"（充分必要条件）以"见之成见"为例。第 3 至 6 条论述认识过程，以眼睛见物为例。墨家对"目不见"诡辩的批评，对"目见"（观

①　〔德〕黑格尔：《哲学史讲演录》第 3 卷，生活·读书·新知三联书店 1957 年版，第 29 页。

察）认识手段的肯定，表明其对主体认识能力抱充分信念，反对诡辩家的不可知论和怀疑论。

《庄子·天下》载，诡辩家有"目不见"的论题。《公孙龙子·坚白论》论证这一诡辩说："以目、以火见，而火不见，则火与目不见。"通常说"用眼睛、用光线来看见"，但光线显然不是见物的器官，所以光线与眼睛加在一起也看不见。这是用两个"以"字的不同意义诡辩。"以"：用。"用眼睛来看见"，眼睛是见物的器官。"用光线来看见"，光线是见物的条件。这两个"以"（用）的意思不一样。这里先说"以目、以火见"，似乎眼睛和光线对见物有同等作用，继而说，因光线不是见物的器官，所以，眼睛也不是见物的器官，即"目不见"。这是强词夺理，是引向不可知论和怀疑论的诡辩。

18."狗非犬"：分析辩者诡辩语

狗非犬：狗名非犬名。《庄子·天下》载，诡辩家有"狗非犬"的论题。唐成玄英《庄子疏》说："狗、犬同实异名。名实合，则彼谓狗，此谓犬也。名实离，则彼谓狗，异于犬也。"狗、犬是同一实体，不同名称。狗、犬二名和同一实体综合考虑，有人说是狗，有人说是犬，都是指同一实体，在这个意义上，应该说："狗是犬。"如果把名称和实体分离开来说，即只考虑名称，不考虑实体，则有人说是狗，当然不等于说是犬，在这个意义上，可以说："狗非犬。"用"以偏概全"的不正当论证方法，把"狗非犬"的特殊意义，说成普遍意义，造成"狗非犬"的诡辩。

墨家用分析方法，批评辩者"狗非犬"的诡辩。《经说下》："所谓非同也，则异也。同则或谓之狗，其或谓之犬也。"《经下》："知狗而自谓不知犬，过也，说在重。""智狗重智犬则过，不重则不过。"《经下》："狗，犬也。而'杀狗非杀犬也'不可，说在重。""狗，犬也。杀狗谓之杀犬，可。"

墨家把知识分为"名、实、合、为"四种。墨家对辩者"狗非犬"诡辩的批评，即是运用这一分类理论。就"名知"说，狗名不是犬名，知狗名不等于知犬名，在这个意义上，可以说"狗非犬""知狗非知犬"。但是，就"实、合、为"三种"知"说，不能说"狗非犬"。从"实知""合知"说，狗、犬是二名一实，是"重同"，在这个意义上，不能诡辩说"狗非犬""知狗非知犬"。从"为知"说，屠夫杀狗就是杀犬，在这个意义上，也不能诡辩说"狗非犬""杀狗非杀犬"。墨家用细致分析方法，指明"狗非犬"命题的合理性、界限和谬误成因。

19. 非命尚力人能动

"非命"：反对儒家天命论、命定论。《小取》说："有命，非命也。非执有命，非命也。"儒家主张"有命"论，不等于真的有"命"存在；墨家"非执有命"，却等于"非命"（即墨家反对儒家坚持有命的论点，却等于实实在在地否定"命"的存在）。墨家为反对儒家"命定论"，主张充分发挥人的主观能动作用，强力而为，认识和改造世界，创造人生幸福。从墨子到墨家后学，坚持反对儒家天命论、命定论，是墨家突出的合理思想，是积极能动的认识论和实践论。

20.是：正确，对，当

跟"非"相对。《小取》说："夫辩者，将以明是非之分。""效者，为之法也，所效者，所以为之法也，故中效，则是也，不中效，则非也，此效也。"《经说上》说："论行、行行、学实，是非也。"《经下》说："辩也者，或谓之是，或谓之非。当者胜也。"《经说下》说："宜犹是也。"适度就是正确，合乎标准。"是"：正确，合乎标准。《经说下》说："理之可诽，虽多诽，其诽是也。"

21.非：不是，不真，不正，不当，错误

表示主观认识跟客观事实相反：不是，不真，不正，不当，错误，谬误，虚假，不正确，不对，不恰当，不合适；跟"是""真""正""当"相对。《经上》说："正无非。"正确理论，就是排除了错误。"正"：正确。"非"：错误。"正"跟"非"相对。《经下》说："假必悖，说在不然。"《经说下》说："假必非也，而后假，狗假鹤也，犹氏霍也。"《小取》说："夫辩者，将以明是非之分。""是非"：真理与谬误（错误）。《经说上》说："论行、行行、学实，是非也。"

22. 人犯错误缺理智

《经上》说："讹，穷知而悬于欲也。"《经说上》说："欲饮其鸩，智不知其害，是智之罪也。若智之慎之也，无遗于其害也，而犹欲饮之，则饮之是犹食脯也。搔之利害，未可知也，欲而搔，是不以所疑止所欲也。墙外之利害，未可知也，趋之而得刀，则弗趋也，是以所疑止所欲也。观'讹，穷知而悬于欲也'之理，食脯而非智也，饮鸩而非愚也。所为与所不为相疑也，非谋也。"

人的言行之所以会犯错误，是由于没有受理智支配而受到欲望支配。如某甲想喝毒酒，理智不知道毒酒的害处，这是理智的罪过。假若理智上很慎重，并没有忽视毒酒的害处，而还是想喝毒酒，那么他喝毒酒就像吃肉干一样（这种错误是由于受欲望支配，而不是受理智支配的结果）。某乙对搔马的利害（是否会被马踢伤）在事前不能确知，他只是想搔就搔了，这是不以他在理智上所持有的怀疑（是否会被马踢伤）来制止他想搔马的欲望（这时如果他真的被马踢伤，这种错误同样是由于受欲望支配，而不是受理智支配的结果）。某丙对到墙外去的利害（是否会受到伤害）在事前不能确知，即使去了能拾得钱币，也不贸然而去，这是以他在理智上所持有的怀疑（是否会受到伤害）来制止他想拾得钱币的欲望（这种理智上的慎重态度，可以使他避免受到伤害）。我们看"人的言行之所以会犯错误，是由于没有受理智支配，而受到欲望支配"这一道理，某甲吃肉干是由于欲望，而不是由于理智的聪明，喝毒酒是由于欲望，而不是由于理智的愚蠢。某乙所干的（搔马）和某丙所不干的（不去墙外）都只是在理智上对自己行为的后果和利害有疑问，还算不上深刻的智谋。"讹"：错误。"穷知"：知识智慧有所穷，知识水平没达到，言行没受理智支配制约。"悬于欲"：受欲望牵系支配。"鸩"：毒酒。"脯"：肉干。"搔"：搔马，为马理毛，清洁身体。"刀"：古代刀形金属货币。

三、同异交得两勿偏，方法论说中肯綮

方法论是关于方法的理论。根据观点和方法一致，世界观、认识论、逻辑学跟方法论一致的原理，观点同时又是方法：用观点观察处理问题，观点就转化为方法。用世界观、认识论和逻辑学观察处理问题，世界观、认识论和逻辑学就转化为方法论。

1. 同异交得讲辩证

（1）同异交得，对立统一

同一性和差异性互相渗透，同时把握。同一事物具有

矛盾方面。这是辩证法对立统一规律的别名。《经上》说："同异交得仿有无。"《经说上》说："同异交得。于富家良知，有无也。比度，多少也。蛇蚓旋圆，去就也。鸟折用桐，坚柔也。剑犹甲，死生也。处室子母，长少也。两色交胜，白黑也。中央，旁也。论行、行行、学实，是非也。鸡宿，成未也。兄弟，俱适也。身处志往，存亡也。霍，为姓故也。价宜，贵贱也。超城，运止也。"

同一性和差异性互相渗透，同时把握。如"有"和"无"集于同一人之身。一个人有富家、无良知，或无富家、有良知，是"有"和"无"集于同一人之身。一数与不同的数相比，既多且少。蛇、蚯蚓旋转，既去（离开）且就（接近）。鸟筑窝折用的梧桐树枝，既坚且柔。用剑杀死敌人，同时就保存了自己的生命，所以剑这种杀伤性武器，也有如铠甲一样的防御作用。一个有未出嫁女儿的母亲，既长（对于她的女儿来说）且少（对于她的母亲来说）。一物颜色比甲物淡，又比乙物浓，既白且黑。一圆的中心可以是另一圆的周边，既是"中央"又是"旁"。言论与行动、行动与行动、学问与实践，既有是又有非。母鸡孵雏的某一时刻，幼雏既成又未成。兄弟三人中的老二，说他是兄或弟都合适。一个人的身体处在这里，而心志却跑往别处去了，是既存且亡。霍本指鹤，又因为霍兼做了人的姓氏的缘故，使"霍"这个字有了歧义。买卖双方商议的适宜价格，对卖方来说是够贵的，他才肯卖，对买方说是够贱的，他才肯买，这是贵贱集于同一价格之身。以超越城墙为目标的竞技活动，既有运动，又有停止，这是运动和静止两种性质集于同一人之身。

"同异交得"：世界观、认识论和方法论的重要原理。"交"：交互，交错，交叉，渗透。"得"：获得，占有，把握。"同异交得仿有无"：理解"同异交得"规律一个典型事例是"有无"。"于富家良知，有无也"：典型事例。

《墨经》论证论题常用举例证明。其所举例数量，大多一两个。为证明"同异交得"论题的真实性，《墨经》列举了 15 个典型实例。辩证法是宇宙万物，包括自然、社会和人类思维的普遍规律，而不是实例的总和。多举实例可加深印象，帮助理解，有助于启发运用。"勇"是"敢"和"不敢"的对立统一。人的才能是"能"和"不能"的对立统一。对任一事物而言，"是久与是不久同说"。

墨家阐发"同异交得"辩证法，标志着墨家登上当时世界辩证哲学的最高峰。"同异交得"辩证规律的论证，是以同和异两个概念对立统一的辩证本性为核心的理论思维，是墨家哲学和科学思维的灵魂。当今中华民族复兴中的科学繁荣，需要依赖古代辩证理论思维的发扬传承。

（2）异中有同

同的概念用异定。"同"：相同。《经上》说："同，异而俱于之一也。"《经说上》说："同。二人而俱见是楹也，若事君。""同"的定义：相异事物都具有这同一属性。如两个不同的人同时见到一根柱子，不同的人共同事奉一个君主。"同"是标志物质世界统一性的概念，有最大普遍性，是最高的类概念，没有"种差"，不可能使用逻辑学的"种差定义"方法，只能用对立概念"异"给"同"下定义。"同"跟"异"相对，都是方法论基本范畴。

（3）同中有异

异的概念用同定。"异"：差异；跟"同"相对。异是标志物质世界差异性的概念。需要用"同"来定义"异"。《大取》说："有其异也，为其同也。为其同也异。"有所不同，正是因为有同；正是因为有同，才显出不同。

2.两而勿偏全面性

权衡思考，要顾及两面，不要只顾及一面。《经说上》说："权者两而勿偏。"《经上》说："见：体、尽。"《经说上》说："特者体也，二者尽也。"这是辩证思维的全面性原则，两点论，避免片面性和一点论。任一事物的矛盾都有正反两面，不是只有一面。这是事物普遍存在的性质，是辩证法世界观的基本观点。

根据世界观、认识论和方法论一致的原理，"两而勿偏"的思维方法是正确的，其反面"片面极端"是错误的。"两而勿偏"是辩证法，俗称"两点论"，是正确的世界观、认识论和方法论。其反面，"片面极端"是形而上学，俗称"一点论"，是错误的世界观、认识论和方法论。"两而勿偏"的认知方法是中华民族辩证理论思维的基本原则，有重大理论意义和实践价值，值得传承应用。

（1）有所敢必有不敢

《经上》说："勇，志之所以敢也。"《经说上》说："以其敢于是也命之，不以其不敢于彼也害之。"勇是人有意志敢于做某件事情。因为某人敢于做某件事情，就可以说他是"勇"；并不因为他不敢于做另一件事情，而妨害说他是"勇"。有所敢，必有所不敢。敢于公正廉洁，必不敢于徇私舞弊。敢于损己利人，必不敢于损人利己。这是"同异交得"（对立统一）的一例。

（2）有能必有所不能

《经下》说："不能而不害，说在容。"《经说下》说："举重不举针，非力之任也。为握者之奇偶，非智之任也。若耳目。"人有所不能，但不是害处，这就像面部器官耳目，各有所能，各有所不能，其所不能，不害所能。举重运动员不善举针绣花，因举针绣花不是大力士的职任专长。握筹善算的数学家不能讲演辩论，因讲演辩论不是数学智慧的职业专长。用面部器官耳目的作用和局限类比：耳能听，不能看，不害其能听；目能看，不能听，不害其能看。耳目各有职任专长，不能互相替代。这揭示出人才学的普遍规律：有所能，必有所不能，"能"和"不能"同异交得（对立统一）。

（3）说久不久都可以

《经说下》说："是不是，则是且是焉。今是久于是，而不于是，故是不久。是不久，则是而亦久焉。今是不久于是，而久于是，故是久与是不久同说也。""是久与是不久同说"：说久不久都可以。现在是"是"，将来变为"不是"，就现在而言，还得承认这个"是"为"是"。现在这个"是"，已经存在很"久"了，这是"是"有其"久"的一面。现在这个"是"变为不是"是"，这是"是""不久"的一面。现在这个"是"，"久"于这个"是"，又"不久"于这个"是"，说这个"是""久"和"不久"都成立。

"同异交得"（对立统一），是天地间永远不可抵抗的普遍规律。"是久与是不久同说"，是《墨经》列举"同异交得"（对立统一）的典型事例之一。还有另外一些典型事例如：人有能不能，勇有敢不敢，事情权衡有利害，"甘瓜苦蒂，天下物无全美"，此外还有前文所举"同异交得仿有无"中的15个事例。辩证法的典型事例永远列举不完，辩证法对立统一规律有普遍性，可用来分析解决任何问题。要把辩证法世界观，变为认识论、方法论和逻辑学，在实践中贯彻实行。

列宁评价俄国作家赫尔岑说，辩证法是"革命的代数学"。本条刻画世界普遍运动变化的"代数学"——"是久与是不久同说"的辩证法，是对宇宙万物和概念普遍适用的规律性概括。

对任一事物的存在而言，说"是久"，跟说"是不久"，都同样成立。因为"久"（长久，指事物存在时间的绵延）是一个相对的概念。一人活九十岁，比活八十岁者为"久"，比活一百岁者为"不久"。一棵树长五十年，五十年后加工为桌子，在五十年内是"久"，就其变为桌子而言是"不久"。一粒种子放一年是"久"，一年后播种成庄稼是"不久"。

"久"指时间的延续，意味着事物或概念本质的相对稳定性。"不久"指稳定性的界限，即质变，指一事物性质改变，变为别的事物，即《经说下》所说"知是之非此也"。任何事物概念，不论其存在时间长短，都是"久"与"不久"的对立统一。

"是久与是不久同说"的公式，表达的是概念确定性和灵活性变动性的"同异交得"（对立统一）。墨家用古汉语代词"是"作变项符号，指代任一事物概念，这种对辩证法世界观、认识论和方法论形式化公式化的尝试，表现出墨家高度的理论思维水平。

（4）害中取小化为利

"害之中取小，非取害，取利"：两害相权取其轻，不是取害是取利。《大取》说："断指以存腕。利之中取大，害之中取小也。害之中取小也，非取害也，取利也。其所取者，人之所执也。遇盗人，而断指以免身，利也。其遇盗人，害也。利之中取大，非不得已也。害之中取小，不得已也。于所未有而取焉，是利之中取大也。于所既有而弃焉，是害之中取小也。"

在不得已的情况下，宁肯断掉一个指头，也要争取保存手腕。在利中是取大的，在害中是取小的。所谓"害中取小"，在一定意义上可以说不是"取害"，而是"取利"。所谓"取"，是指人的选择执持。遇到强盗，被迫断掉一个指头，以保全生命，就保全生命这一点来说是利，就遇到强盗，被迫断掉一个指头来说是害。在利中取大的，不是迫不得已的，而是自己主动争取的。在害中取小的，是迫不得已的。在利中取大的，是在尚未存在的事情中，去争取实现某一种。在害中取小的，是在已经存在的事情中，被迫舍弃某一种。

墨家从经商办货实践中概括出权衡利害，利中取大，害中取小，尽力争取向有利于己的选项转化的实践辩证哲学原则，有原创的理论意义。墨家理论的长处是从实践中总结正确的思维方法。理论思维的闪光，是从亲身经历的事情中，概括"利之中取大"和"害之中取小"的实践哲学原则，其中包含概念对立转化的辩证思维。"害之中取小也，非取害也，取利也"是机智巧妙的辩证思维表达。"害之中取小"，分明说是"害之中取小"，怎又说是"非取害也，取利也"？这是不是违反逻辑同一律，自相矛盾，说胡话？这是墨者运用辩证思维，意为在处理"两害相权，取其小"的实践课题时，"取害"的概念在整体保存和发展的意义上就转化为"取利"。结论说："非取害也，取利也。"不是"取害"，而是"取利"。经商办货，途经深山老林，"遇盗人"杀人越货，谋财害命，这是"害"。假如被迫"断指以免身"，在生命整体保存和发展的意义上，就转化为"利"。只要争得生命整体的保存，可以东山再起，重新出发图发展，还可经商办货来赚钱。

《贵义》说："商人之四方，市贾倍蓰（一倍和五倍），虽有关梁（关隘桥梁）之难，盗贼之危，必为之。"商人到四方经商办货，流通赚钱，是自己的本分。赚取比市价高出一倍和五倍，均属正常。虽有关隘桥梁困难，盗贼抢劫危险，但一定要做。这是超越"断指""小害"，而得"免身""大利"。被迫"断指"，是遇"小害"。有"小害"，不如无害，但可总结教训，力图避免。所以说："其遇盗人，害也。""利中取大，害中取小"的实践辩证哲学原则，是今日辩证逻辑应用研究先驱，有重要实践理论意义。

《大取》说："凡兴利，除害也，其类在漏瓮。"凡兴办对人民有利的事，都包含革除对人民有害的因素，如兴修水利，包含革除水害。"瓮"：筑堤拦洪。"凡兴利除害也"的命题，体现了利害互相依赖，互相转化的辩证哲理，是积极有为的实践哲学原理。

（5）一块石头坚白盈

"坚白相盈"：坚白互相渗透，对立统一。"坚白盈离"是先秦诸子百家热烈争辩的课题。其中"坚白相盈"，简称"盈坚白"，是墨家观点。《墨经》有许多论证"盈坚白"的条目，认为坚白存在于石，互不排斥（相非相外），互相涵容，是"同异交得"（对立统一）的关系。

"坚白相离"，简称"离坚白"，是名家公孙龙等人的观点。《公孙龙子·坚白论》有"离坚白"的诡辩论证，体现了先秦名家的世界观和方法论，认为石头的坚和白两种性质互相分离，互不涵容，进而从触觉、视觉的不同官能和精神的抽象作用，引出"坚白离石自藏"的结论，离同为异，夸大差异性，忽视同一性，是关于差异绝对性的论点，跟《墨经》"盈坚白"的论证互相对立。

坚白盈离的辩论，正反对比鲜明，贯穿两种不同的方法论和世界观。《墨经》论证"盈坚白"的条目如下：《经上》说："盈，莫不有也。"《经说上》说："盈。无盈，无厚。"在一定范围内说"盈"（充满、渗透、涵容），就是某物无处不存在（即处处都存在）。说"无盈"（不充满、渗透、涵容），那除非是"无厚"（即无穷小的空间点或质点）。

《经上》说："坚白，不相外也。"《经说上》说："于石无所往而不得二。异处：不相盈，相非，是相外也。"坚白这两种性质不是互相排斥的。在一块坚白石中，到处都可以发现坚和白这两种性质。如果坚和白是处在两个不同的物体上，那么才可以说它们"不相盈"（不互相渗透），是互相排斥，互相除外的。

《经上》说："撄，相得也。"《经说上》说："撄。坚白之撄相尽。""撄"（接触、交叉、重合）是至少互相得到或占有对方的一部分。在一块坚白石中，坚与白的渗透是完全密合的。"撄"：接触、交叉、重合。

《经上》说："不可偏去而二。"《经说上》说："广修、坚白相盈。"有些由两个元素构成的集合，其中的两个元素互相渗透，不能去掉其一。一个面积的宽度和长度，是每一处都互相渗透，不能去掉其一，类似地，一块石头的坚性和白性也是同样，即每一处都互相渗透，不能去掉其一。"偏"：部分。"偏去"：从一个整体中去掉一部分。"广"：一个面积中的宽度。"修"：一个面积中的长度。

《经上》说：" '不坚白'（《墨经》作者引辩论对方

的论点），说在无久与宇。"即关于反驳"不坚白"（坚白相离、坚白离石）的论点，论证的关键在于，把时间和空间分割为无穷小的单位，即"无久""无宇"（无厚）时，也还是相盈而不离于石的。"不坚白"：公孙龙学派由"坚白相离"到"坚白离石"的观点。见《公孙龙子·坚白论》："不坚石、物而坚。""不白物而白焉。""故离也。""不坚白"是《墨经》作者引辩论对方的论点，《墨经》作者的观点是"盈坚白"和坚白"在石"。"无久与宇"："无久"和"无宇"的合并省略。"无久"：《墨经》基本概念，指时间被分割为无穷小的单位、量、点。"无宇"即"无厚"，指空间被分割为无穷小的单位、量、点，与"无久"相对应。《墨经》作者认为，即使把时间、空间分割为无穷小的单位，一块坚白石中的坚白二性同样相互渗透。

《大取》说："苟是石也白，败是石也，尽与白同。"《经说下》说："坚白相盈。"一块石头的坚性和白性互相渗透。《经说下》说："抚坚得白，必相盈也。"《经上》说："坚白，说在因。"关于坚白之辩，论证的关键在于说明二者是互相因依渗透的。当用手触摸石头的坚硬性质时，同时也能看到白色，这就说明坚白两种性质在石头中互相渗透。"因"：因依，寄托。

《经上》说："于一，有知焉，有不知焉，说在存。"

《经说上》说："石，一也。坚、白，二也，而在石。故有知焉，有不知焉可。"一个事物有多种不同的性质，人在某些情况下对其性质有知道的，有不知道的，但这些性质是存在于事物本身的。

《墨经》阐述"坚白相盈""坚白存在于石"的正确观点，针对的是辩者（名家）公孙龙等"坚白相离""坚白离于石"的错误观点。今本《公孙龙子·坚白论》谓："于石，一也；坚白，二也，而在于石。故有知焉，有不知焉。"与《墨经》此条文句相似。

《墨经》作者与公孙龙的世界观和方法论观点的区别非常鲜明，《墨经》在肯定坚白存于石的情况下，承认坚白二性在某些情况下可以"有知焉，有不知焉"。公孙龙虽引《墨经》此说，但紧接着论证"坚白离石而独立自存"的错误观点。

《经下》说："有指于二，而不可逃，说在以二参。"《经说下》说："子知是，又知是吾所先举，则重。子知是，而不知吾所先举也，是一，谓'有知焉，有不知焉'可。若知之，则当指之知告我，则我知之。兼指之以二也。横指之，参直之也。若曰：'必独指吾所举，毋举吾所不举。'则二者固不能兼指。所欲指不传，意若未较。且其所知是也，所不知是也，则是知是之不知也。恶得为一，而谓'有知焉，有不知焉'？"

假设有二人，同时指认事物的两种不同性质，那么，这两种不同的性质就可以同时为人所把握，而无所逃逸，论证的理由在于，假设有二人同时参与认识活动。如果你知道这种性质，又知道这种性质也是我先前所已经认识并列举出来的，那么我们二人的所知就是重复的。如果你知道这种性质，而不知道这种性质也是我先前已经认识并列举出来的，那么你就是只知其一而不知其二。在这种情况下，说"一个事物，有多种不同的性质，我们对其性质有知道的，有不知道的"，是可以的。你如果知道了事物的一种性质，则应当把你已经知道的这一种性质告诉我，那么我就也知道了，用这种方法我们可以同时知道事物的多种不同性质。同时指认事物的各种不同性质，也就可以同时把握它们。你如果故意跟我为难，说："你必须仅仅指认我所已经列举的性质，而不许指认我还没有列举的性质。"那么事物的各种不同性质自然不能同时被认识。我想让你指认的性质，你偏偏不指认、不传播，那么意识、判断就不能彰显明白。在一种情况下你说你知道这一点（用手摸石头，你说你知道坚），在另一种情况下你又说你不知道这一点（用目看石头，你说你不知道坚），那么你就是说你既知道这一点，又不知道这一点，你知道这一点就是不知道这一点，这样你就是陷入了自相矛盾。既然你已经否认了确定的知识，你还怎么能够说"一个事物有多种不同的性质，我们对其性质有知道的，有不知道的"？

《墨经》以二人同时交换所知的形象直观方法，论证"盈坚白"的论题，反驳辩者公孙龙等人"离坚白"的论题。设有坚白石于此，一人指其坚，一人指其白，这叫"有指于二"。"指"：以手指指物。"于二"：指坚白两种性质。"不可逃"：二人同时一指其坚，一指其白，同时俱指，则同时俱知，坚白无所逃离或避藏。"离""藏"的观点见《公孙龙子·坚白论》。"以二参"：以二人同时参加认识的方法，论证"坚白相盈"。"参"：参与，参加，参验。"是"：这，这个，指代坚、白中的一个。下同。"是一"：这个是"只知其一"。"横指"：二人同时指认坚白两种性质，即"有指于二""兼指之以二"。"参直之"：二人同时认知、把握坚白两种性质。《说文》："直，正见也。""直"有"见"意，引申有"得"意。"若"：乃。《广雅·释诂》："较，明也。""一"：指有多种性质的一个物体。"且其所知是也"以上展示《墨经》"盈坚白"和公孙龙"离坚白"的论证，以下用归谬法驳斥"离坚白"自相矛盾。

《史记·平原君传》说："平原君厚待公孙龙，公孙龙善为坚白之辩，及邹衍过赵，言至道，乃绌公孙龙。"《孟子荀卿列传》说公孙龙为坚白之辩。《汉书·艺文志》

著录《公孙龙子》十四篇，班固自注："赵人。"师古曰："即为坚白之辩者。"王充《论衡·案书》说："公孙龙著坚白之论，析言剖辞，务曲折之言，无道理之较，无益于治。"

坚白之辩是公孙龙的代表性辩论，是仅次于白马之辩的第二大辩题，因其持论离奇，违反常识，而"耸动天下"。《庄子·天地》说："辩者有言曰：离坚白。"《秋水》载公孙龙自称能"离坚白，然不然，可不可，困百家之知，穷众口之辩"。郭象注说："强以不可为可，不然为然。"让一块石头中的坚和白互相分离，从"不然"中分析出"然"，从"不可"中分析出"可"，让百家的智慧都陷于困境，让众口的辩才都陷于穷竭。

从方法论说，公孙龙"离坚白"由"盈"到"离"，由"是"到"非"，由统一到分离，由融合到排斥，导致绝对主义的诡辩。"然不然，可不可"，即"两可两然"，双重论证。"两可"，即可是可，不可也是可。"两然"，即然是然，不然也是然。这会导致相对主义的诡辩。

《淮南子·齐俗训》说："公孙龙析辩抗辞，别同异，离坚白，不可与众同道也。""析辩抗辞"：分析辩论，把词句（而不是事实）放在第一位。东汉高诱注："公孙龙，赵人，好分析诡异之言，以白马不得合为一物，离而为二也。"公孙龙把"白马"和"坚白"的统一体，都分离为两个不可调和的对立物，导致绝对主义的诡辩。

唐杨倞《荀子·修身》注："坚白，谓离坚白也。公孙《坚白论》曰，坚白石三，可乎？曰不可。二，可乎？曰可。谓目视石，但见白，不知其坚，则谓之白石。手触石，则知其坚，而不知其白，则谓之坚石。是坚、白终不可合为一也。司马彪曰，坚白，谓坚石非石、白马非马也。"

《庄子·天地》："辩者有言曰，离坚白，若悬宇。"郭象注："言其高显易见。"成玄英疏："雄辩分明，如悬日月于区宇。"辩者说，坚白的相离，犹如日月高悬天宇，显而易见。《庄子·德充符》说惠施"以坚白鸣"，《庄子·齐物论》说惠施"以坚白之昧终"。《史记·鲁仲连传》正义引《鲁连子》说，齐之辩士田巴，"离坚白，合同异，一日服千人"。"离坚白"的辩题，除公孙龙外，一般辩者如惠施和田巴等人也有谈论。

《公孙龙子·坚白论》是方法论课程的练习题。"盈坚白"：正方论点。公孙龙模拟客方观点：一块坚白石，不依赖于人的认识器官而独立地存在着，坚白两种性质互相包含，共存于一块石头。人通过触觉、视觉器官的感觉和思维的综合，可以认知石头的存在和坚白的互相包含。"盈"：包含，充满。《经上》："盈，莫不有也。"坚白相盈，即坚中有白，白中有坚，坚白互相包含。客方观点"盈坚白"，是一种朴素辩证的哲学观和方法论，跟一般人所持的常识观点一致。公孙龙模拟的客方观点是准确的，这种观点在《墨经》中有完整体现。

"离坚白"：反方论点。公孙龙自述观点：坚、白、石，原本是各个独立存在、互相分离的不同概念，它们与具体事物结合后，不能被人的触觉和视觉器官同时把握，也不能被思维、智慧和精神认知。各个独立存在、互相分离的抽象概念，与具体事物结合后，不再是抽象概念本身。所以构成如下命题：坚石非石，石坚非坚，白石非石，石白非白。概括地说，即具体非抽象，个别非一般。"坚石非石"和"白马非马"是同一类诡辩，是公孙龙《名实论》"彼此非此"矛盾律公式的错误运用。反方论点"离坚白"，是一种脱离实际、孤立片面、神秘离奇的哲学观和方法论，跟一般人所持的常识观点相反。

坚白之辩的意义，是一种朴素辩证的哲学观和方法论，跟脱离实际、孤立片面、神秘离奇哲学观和方法论的较量，是一般人所持的常识观点跟公孙龙反常识观点的较量。较量的哲学成果，经过公孙龙哲学思辨的过滤，被《公孙龙子·坚白论》设置在主方胜过客方的格局中。

纪昀《四库全书总目》卷117评论公孙龙："目称谓之间，纷然不可数计，龙必欲一一核其真，而理究不足以相胜，故言愈辩，而名实愈不可正。"公孙龙的"离坚白"，把坚、白、石三个概念"一一核真"后所引出的结论，在一般人看来是离奇荒谬、不合理的，确实是"言愈辩，而名实愈不可正"。纪昀评判公孙龙的坚白之辩，尽管"持论雄赡，实足以耸动天下"，但"理究不足以相胜"，即辞胜理败。

《庄子·天下》评论公孙龙之徒"饰人之心，易人之意，能胜人之口，不能服人之心"，即迷惑人心，曲解人意，使人口服心不服。司马谈父子对名家的评价是"使人检而善失真"，即叫人检视名词，却失掉真意，"苛察缴绕，使人不得反其意，专决于名，而失人情"，即名词抠得很细，但论证烦琐，缠绕不通大体，偷换概念，转移论题，叫人心迷意乱，不能返回原意，把名词放到第一位，失去人情事理。这道出公孙龙诡辩的方法论根源。

《孔丛子·公孙龙》引孔穿对公孙龙之辩的评价，是"言非而博，巧而不理"，"甚难实非"，即把假话说得头头是道，言辞巧妙，不合道理，论证难以成立，不符合事实。燕客史由说公孙龙之辩是"辞则有焉，理则否矣"，即言辞很好，但不合理。平原君对公孙龙之辩的评价是"辞胜于理"，即言辞胜过道理，从言辞上能胜过别人，从道理上输给别人，使人口服心不服。

《墨经》表达了跟公孙龙相反的哲学观和方法论。公孙龙的坚白之辩，从反面刺激了《墨经》哲学观和方法论的成熟。《庄子·天下》说墨家门徒"相里勤之弟子，五侯之徒，南方之墨者，苦获、己齿、邓陵子之属，俱诵《墨经》，而倍谲不同，相谓别墨，以坚白同异之辩相訾"。墨子死后，墨家门徒间就"坚白同异之辩"热烈争辩，这一争辩在学派外的动力，是公孙龙"离坚白"的诡辩。《墨经》所见关于坚白之辩的观点，跟《公孙龙子·坚白论》的观点对立，是先秦坚白之辩的总结。

《公孙龙子·坚白论》模拟的主客对辩，其客观模型就是墨龙两家围绕"坚白盈离"所展开的争辩。《墨经》坚白之辩的观点，针对公孙龙"离坚白"的诡辩而发。《公孙龙子·坚白论》模拟的客方论点，恰是《墨经》观点的改头换面，其中有些词句非常相像。没有公孙龙"离坚白"诡辩的反面刺激，就不可能有《墨经》"盈坚白"哲学观和方法论的总结。

荀子、韩非等从儒、法学派的政治伦理观点出发，对公孙龙的坚白之辩提出严厉批判。《荀子·儒效》说："坚白、同异之分隔也，是聪耳之所不能听也，明目之所不能见也，辩士之所不能言也。虽有圣人之知，未能偻指也。不知无害为君子，知之无损为小人。工匠不知，无害为巧，君子不知，无害为治。王公好之则乱法，百姓好之则乱事。而狂惑戆陋之人，乃始率其群徒，辩其谈说，明其辟称，老身长子，不知恶也，夫是之谓上愚，曾不如相鸡狗之可以为名也。"《荀子·修身》说："夫坚白、同异、有厚、无厚之察,非不察也,然而君子不辩,止之也。"《韩非子·问辩》说："坚白无厚之词章,而宪令之法息。"这些都表现出儒家荀子、法家韩非的泛政治伦理观点,及其对公孙龙学说方法论意义的忽视。

四、昔虑今虑有区别,历史观点令人惊

历史观是对社会历史的根本观点,是哲学的一个部门,是广义世界观的组成部分,又叫社会历史观。墨家的历史观有历史进化观念、人民主体意识、劳动生产观等合理因素。

1. 人民是历史主体

《经上》说："功,利民也。"功效以符合人民的利益为标准。

2. 尧善治古不治今

《经下》说："察诸其所然未然者,说在于是推之。"《经说下》说："'尧善治',自今察诸古也。自古察之今,则尧不能治也。"审察某事之所以这样和之所以不这样的原因,可以从"尧善治"的命题适用于古而不适用于今的事例类推而知。说"尧善治",这是从今天的情况出发,考察古代的情况("尧善治"是指善于治理古代)。假如从古代的情况出发,考察今天的情况,就不能说"尧善

治"（"尧善治"不是指善于治理现代）。

"所然"是"所以然"的略语，即之所以然的原因。"所未然"即"所以不然"的略语变形，即之所以不然的原因。"是"：这个，指《经说》分析的"尧善治"命题适用于古不适用于今的例子。尧：传说中远古帝王，部落联盟领袖，五帝之一陶唐氏，名放勋，史称唐尧，传设官职，掌管时令，制定历法，咨询四岳，选舜为继承人，经三年考核，命舜摄政，尧死舜继位。尧被后世奉为圣贤之君。《墨经》据尧的历史资料传说，表达了发展变化的历史观，深刻精到。墨家肯定历史的延续性、继承性，又认为古今不同，社会异质，肯定历史进化，主张述作并举，创造革新，多多益善。

3. 尧德在古不在今

《经下》说："'尧之义也'，声于今而处于古，而异时，说在所义二。"《经说下》说："或以名示人，或以实示人。举友富商也，是以名示人也。指是鹤也，是以实示人也。尧之义也，是声也于今，所义之实处于古。"说"尧是仁义的"，这是今天所说的话，而这句话所指的实际，是处于古代，古代和现代是不同的时代，论证的理由在于"尧是仁义的"这个命题涉及语言和实际两个方面。

了解事物有两种方法。一种是说出名词语句，让人了解。另一种是把实际事物展示给别人，让人了解。说"我的朋友是富商"，这是说出名词语句，让人了解。指着眼前这个动物说："这是鹤。"这是把实际事物展示给别人，让人了解。说"尧是仁义的"，这个语句是今天说的，而"尧是仁义的"这句话所指的实际，是处于古代。"声"：语言。"所义二"："尧是仁义的"命题，有名与实（语言与实际）两面。"声"：名称，语言。"所义二"：指"尧是仁义的"的名与实（语言与实际）两方面。

墨家以"尧是仁义的"和"尧是善于治理的"两个命题为典型，说明古今异时，实际各异，古代的仁义不等于现代的仁义，古代的善治不等于现代的善治，这种历史分析法有普遍适用性，可以此类推。《大取》："昔者之虑也，非今日之虑也。"过去思虑不等于现在思虑。思想应该与时俱进，适应时代新变化。这是历史的进化观和历史的分析方法，值得推广应用。

第三节
以人为本民为主，人文学说语精警

一、经济学说有创见，价值规律初发萌

经济学是社会经济的学说。墨家有价值规律的思想萌芽。《经下》说："价宜则售，说在尽。"《经说下》说："尽也者，尽去其所以不售也。其所以不售去，则售。价

也宜不宜在欲不欲。"商品价格适宜，则交易会成功，论证的理由在于买方不想购物的欲望是否全部都被排除。买方所以不想购物的欲望全都排除，交易则会成功。商品价格适宜不适宜，就在于买方想不想购物。

商品价格合适，不单由卖方决定，而是由买卖双方决定，买卖双方都愿意。商品售价可变，或升或降，太低买方愿意而卖方不愿意，太高卖方愿意而买方不愿意。适宜的价格是买卖双方都可接受的平衡点。"欲"即买卖双方愿意。观察大量商品交换活动可发现，买卖双方在市场讨价还价，价格适宜便成交。这是商品交换价格平衡的规律。

《经下》说："买无贵，说在反其价。"《经说下》说："刀籴相为价。刀轻则籴不贵，刀重则籴不易。王刀无变，籴有变。岁变籴，则岁变刀。"商品的价格没有绝对的贵贱，论证的理由在于商品的价格可以由货币的币值来反观。

货币与商品可以互相比价。当货币贬值时，商品表面价格上涨，而实际价值并未上涨。当货币升值时，商品表面价格下跌，而实际价值并未下跌。如果国家规定的货币币值没有变化，商品价格也会因供求关系和人们的购买欲望而有变化。每年商品价格有变化，则每年也会影响到货币币值的变化。"买"含卖，指商品交易。《经说上》说：

"买鬻，易也。"

《经下》说"刀籴相为价"，即刀（货币）和粮食等商品互为等价物。刀币作为货币，具有一般等价物的形态，用币值的变化来说明商品的贵贱。墨家认为这里真正变化的不是"刀"，是"籴"。"刀"是国家发行的货币，不会随意变化，"籴"却因年景不同而经常变化。"岁"（年景）使"籴"（粮食等商品）发生变化，人们才感到刀发生变化。既然刀不变，所以说"买无贵"。认识到这一点，就应把等价关系反过来看，这就是"说在反其价"。

《经上》说："同异交得。"《经说上》说："贾（价）宜，贵贱也。"同一性和差异性互相渗透，同时把握。如买卖双方商议的适宜价格，对卖方来说是够贵的，他才肯卖；对买方来说是够贱的，他才肯买。这是贵贱集于同一价格之身。

《号令》说："募民欲财物粟米以贸易凡器者，以平价予。""收粟米布帛钱金，出纳畜产，皆为平值其价，与主人券书之，事已皆各以其价倍偿之。"征募百姓财物和粟米，不是无偿剥夺，应按价值规律办事。如百姓想交换各种器具，可按平价予以交换。征收粟米布帛、金钱牲畜，应公正估价，给主人开具证明，写清征收数量和价值，战后按值赔偿。这包含合理的人文思想和价值规律的萌芽。

二、审察治乱有纲纪，政治学说顺民众

1.审察治乱有纲纪，政治学说顺民众

《小取》说："审治乱之纪。"即审察治理混乱的纲纪。《经上》说："君，臣民通约也。"《经说上》说："君。以若民者也。"君是臣民共同约定的结果。君应当以民意为归顺。梁启超引《墨子》"选择天下贤良""立以为天子"、国君等语，释本条为"言国家之起源，由于人民相约置君"，"与西方近世民约说颇相类"。《尔雅·释言》："若，顺也。""以若民"：君当以民意为归顺宗尚。

《经上》说："治，求得也。"《经说上》说："治。吾事治矣，人有向背。"政治治理是用行动求得。从事治理应注意人心向背。这是执政为民，权为民用，以人为本的先声。《墨经》论点是民本论、人民本位论、人本主义、民本主义的先驱，是民主性的精华。

2.功罪赏罚，批评表扬

《经上》说："功，利民也。"功效以对老百姓有利为标准。"罪，犯禁也"，"不在禁，虽害无罪。"《经说下》说："使人夺人衣，罪或轻或重。"罪责罪行是违反国家禁令，如果不在明令禁止之列，尽管对社会有害，却可以不算犯罪。这是区分"罪"和"害"两个不同的概念。"罪"和"害"是种属关系，"罪"是种概念，"害"是属概念。

有罪必有害，有害不必有罪。

《经上》说："赏，上报下之功也。"奖赏是上级对下级功劳的报答。下级有功，上级报赏，利用奖赏的激励功能，诱导下级建功立业，积极向上。《经上》说："罚，上报下之罪也。"罚即处罚惩办，是上级有意识地惩处下级恶绩罪责的手段。《经上》说："誉，明美也。"誉即赞誉表扬，是指明美言善行，表扬好人好事。《经上》说："诽，明恶也。"诽是批评，指明错误，揭发坏人坏事。

三、兼爱交利讲道义，伦理学说有纲领

1. 墨家兼爱是纲领

爱人应坚持整体性。兼即整体，兼爱是遍爱人类整体。《孟子·告子下》说："墨子兼爱，摩顶放踵利天下为之。"《庄子·天下》说："墨子泛爱兼利。"《尸子·广泽》说："墨子贵兼。"曹耀湘《墨子笺·兼爱下》说："兼爱者，墨氏之学之宗旨也。"孙中山《三民主义》说："古时最讲爱字的莫过于墨子。"梁启超《墨子学案》说："墨学所标纲领，其实只从一个根本观念出来，就是兼爱。"

（1）坚持爱人周遍性。《小取》："爱人，待周爱人而后为爱人。"（2）无穷不害兼爱心。《经下》说："无穷不害兼，说在盈否。"《经说下》说："人若不盈无穷，则人

有穷也，尽有穷无难。盈无穷，则无穷尽也，尽无穷无难。"（3）不知人数不害爱。《经下》说："不知其数而知其尽也，说在问者。"《经说下》说："尽问人，则尽爱其所问。若不知其数，而知爱之尽之也，无难。"（4）不知何方不害爱。《经下》说："不知其所处，不害爱之，说在丧子者。"（5）爱人包含爱自己。《大取》说："爱人不外己，己在所爱之中。己在所爱，爱加于己。伦列之：己，人也；爱己，爱人也。"（6）人多人少不害爱。《大取》说："爱众世与爱寡世相若，兼爱之又相若。"人口密度不妨害兼爱。（7）施爱于往古来今（过去、现在和未来）。《大取》说："爱上世与爱后世，一若今之世人也。"（8）坚持爱人一贯性。《大取》说："昔者之爱人也，非今之爱人也。"（9）兼爱不容割裂开。《大取》说："兼爱相若，一爱相若，一爱相若，其类在死蛇。"（10）爱人包含爱奴隶。《小取》说："获，人也；爱获，爱人也。臧，人也；爱臧，爱人也。此乃是而然者也。"

2. 道义就是给人利

《经上》说："义，利也。"《经说上》说："义。志以天下为分，而能能利之，不必用。"道义就是给人以实际利益。心志以利天下为职分，而才能又能做到利天下，但不一定能为世所用。"分"：职分。"能能"：前一"能"字指才能，后一"能"字指能做此事。

《经上》说："仁，爱也。"《经说上》说："仁。爱民者非为用民也，不若爱马。""仁"就是爱人。爱人民不是出于用人民的目的，不像爱马是出于用马的目的。《经下》说："仁义之为内外也，悖，说在牾颜。"《经说下》说："仁，爱也。义，利也。爱利，此也。所爱所利，彼也。爱利不相为内外，所爱利亦不相为外内。其谓：'仁，内也。义，外也。'举爱与所利也，是狂举也，若'左目出，右目入'。"

"仁"是中国传统伦理道德基本规范，本义指人与人相互亲爱，"仁"被视为区别人跟万物的本质属性、特有属性。人类之所以在万物中最为灵异神奇，就是因为人有相互亲爱的感情。这是人道主义、人文主义思想，是人作为人的最基本道德品质，有普世价值。

《墨经》对"仁"字意义的解释跟儒家传统一样。儒墨仁爱观的不同之处在于仁爱对象范围广狭大小的规定。儒家讲爱有差等，随血缘的亲疏远近而有厚薄不同，这种思想适应封建宗法等级制的要求。墨家主张爱无差等，反映出手工业行会成员间平等互助的朴素愿望和崇高理想，不适合封建宗法等级制的要求，在现实社会无法实现。但墨家认为它符合道义，因而竭力宣传，力图实施。

古代"人"和"民"互通，"爱民"就是"爱人"。墨家认为爱民是目的，不是手段。墨家以夏禹为爱人的思想渊源和效法样本。《夏书·五子之歌》引夏禹训诫词："民惟邦本，本固邦宁。"即人民是国家的根本，只有人民这个根本安定，国家才能安宁。

3. 礼貌就是尊敬人

《经上》说："礼，敬也。"

4. 忠诚就是尽心力

《经上》说："忠，以为利而强君也。"《经说上》说："忠。不利，弱孩足将入井之容。"对国君忠诚的表现：认为对国家有利的事情，就应该强力地劝说国君去做；遇到对国家不利的事情，其危险的程度犹如幼儿足将入井的状态，这时就要强力地劝说国君避免。

5. 有利父母就是孝

《经上》说："孝，利亲也。"《经说上》说："孝。以利亲为分，而能能利亲，不必得。"孝是做对父母有利的事情。以做对父母有利的事情为自己的职分，而才能又能做到对父母有利的事情，但不一定要得到父母的喜欢。

6. 乐意得到就是利

《经上》说："利，所得而喜也。"《经说上》说："利。得是而喜，则是利也。其害也，非是也。"《经上》说："害，所得而恶也。"《经说上》说："得是而恶，则是害也。其利也，非是也。"

7. 欲恶有节有分寸

《经下》说："无欲恶之为益损也，说在宜。"《经说下》说："'欲恶伤生损寿'，说以少连。是惟爱也，尝多粟。或者欲有不能伤也，若酒之于人也。"并非"所有的欲恶都是有益的"或者"所有的欲恶都是有损的"，论证的理由在于欲恶的满足要适宜。"欲恶会伤害身体，减损寿命。"这是少连首倡的学说。这里有一个人，仅仅因为爱吃，就吃了过多的粟米，而损伤了身体，因而并非"所有的欲恶都是有益的"。有些欲望的满足不会伤生损寿，例如少量喝酒对人体没有损害。因而并非"所有的欲恶都是有损的"。

一种论点是："所有的欲恶都是有益的。"这是纵欲主义的论点。另一种论点是："所有的欲恶都是有损的。"这是禁欲主义的论点。《墨经》对以上两种都反对。《墨经》的论点是：并非"所有的欲恶都是有益的"或者"所有的欲恶都是有损的"。

"宜"：适宜，合度，有节制，有分寸。"伤生损寿"：伤害身体，减损寿命。少连：人名。"尝多粟"：指仅仅因为爱吃，就吃了过多的粟米而导致生病。这是"所有的欲恶都是有益的"这一命题的反例：因欲恶无节制而伤生损寿。"所有的欲恶都是有损的"命题的反例：少量喝酒对人没有损害。

墨家提倡节俭，跟纵欲说论辩，认为"所有欲恶都是有益的"论点会导致纵欲主义。墨家提出适当满足欲望的"适欲说"，主张满足欲望要适宜有度，有节制，合分寸，蕴涵着丰富哲理，积淀着历史经验。有分寸、有节制地满足生理欲望，不会伤生损寿，有利身体健康，延年益寿。

第三讲　逻辑学科到伦理，人文科学专而精

附:《墨经》读本

一、《经上》《经说上》

〔经1〕故,所得而后成也。〔经说〕故。小故:有之不必然,无之必不然。体也,若有端。大故:有之必然,无之必不然。若见之成见也。

译文:〔经1〕"故"是得到它而能形成某一结果。〔经说〕"小故"(原因中的部分要素,即必要条件):有它,不一定有某一结果;没有它,一定没有某一结果。"小故"是形成某一结果的部分原因,如点是形成线的小故(必要条件)。"大故"(形成某一结果的原因,相当于充分必要条件):有它,一定有某一结果;没有它,一定没有某一结果。例如,见物的原因(条件)具备,则见物就变为事实。

〔经2〕体,分于兼也。〔经说〕体。若二之一、尺之端也。

译文：〔经2〕"体"（部分）是从"兼"（整体）中分出来的。〔经说〕如集合"二"中的元素"一"，线中的点。

〔经3〕知，材也。〔经说〕知材。知也者所以知也，而不必知，若明。

译文：〔经3〕认知能力是人所具有的才能（本能）。〔经说〕认知能力，是人凭借它来认知事物的能力。但仅有认知能力还不一定能求得知识。譬如人有明亮的眼睛，视力健全，还不一定能看见东西。

〔经4〕虑，求也。〔经说〕虑。虑也者以其知有求也，而不必得之，若睨。

译文：〔经4〕思虑是求得知识的活动和状态。〔经说〕思虑是人用认知能力探求，不一定能得到知识。犹如人用眼睛斜视，不一定能看见东西。

〔经5〕知，接也。〔经说〕知。知也者以其知过物，而能貌之。若见。

译文：〔经5〕感性认知是接触外界事物而产生的。〔经说〕感性认知是用人的认知能力，跟事物相过从（相交往），而能描摹出其相貌。譬如人以健全的视觉器官与事物接触，而能看见事物。

· 233 ·

〔经6〕恕，明也。〔经说〕恕。恕也者以其知论物，而其知之也著。若明。

译文：〔经6〕理性认知是清楚明白的认识。〔经说〕理性认知是用人的认知能力，分析整理事物，而能获得显著透彻的认知。如人用心观察，把事物看明白。

〔经7〕仁，爱也。〔经说〕仁。爱民者非为用民也，不若爱马。

译文：〔经7〕仁就是爱。〔经说〕爱人民不是为了用人民，不像爱马是为了用马。

〔经8〕义，利也。〔经说〕义。志以天下为分，而能能利之，不必用。

译文：〔经8〕道义就是给人以实际利益。〔经说〕心志以利天下为职分，而才能又能做到利天下，但不一定能为世所用。

〔经9〕礼，敬也。〔经说〕礼。"贵者公，贱者台，而俱有敬慢焉"：等异论也。

译文：〔经9〕礼表示尊敬。〔经说〕"尊贵的是公的等级，低贱的是台的等级，而都有敬慢之分"：这种关于礼的规定，是从等级差异的观点出发的。

〔经 10〕行，为也。〔经说〕行。所为不善名，行也。所为善名，巧也。若为盗。

译文：〔经 10〕有意识的正义行动，叫作"为"。〔经说〕所作所为，不善于求名的，叫作"行"。所作所为，善于求名的，叫作"巧"。这就像做盗贼，窃取虚名一样。

〔经 11〕实，荣也。〔经说〕实。其志气之见也，使人知矣。若金声玉服。

译文：〔经 11〕实质通过现象表现出来。〔经说〕事物的内在实质表现为外在的现象，能够使人认知。如金属的声音，玉石的文采，可以帮助人们认识其实质。

〔经 12〕忠，以为利而强君也。〔经说〕忠。不利，弱孩足将入井之容。

译文：〔经 12〕忠诚，就是认为对国家有利，强力劝说国君。〔经说〕对国家不利，其危险程度，就像小孩子的脚将要掉入井里的险状。

〔经 13〕孝，利亲也。〔经说〕孝。以利亲为分，而能能利亲，不必得。

译文：〔经 13〕孝，是利于父母。〔经说〕以利于父母为职分，而才能又能做到利于父母，但不一定要得到父母欢心。

附：《墨经》读本

〔经 14〕信，言合于意也。〔经说〕信。不以其言之当也。使人视城得金。

译文：〔经 14〕信，是说出的"言"，合乎心里的"意"。〔经说〕信不以言论的恰当（符合实际）为必要条件。有时，言论虽与思想不符合（即不信），但却偶然跟事实符合（即当）。如某人故意骗别人说："城门内藏有金！"别人去一看，果然得到金。这是言论不信，但却偶然恰当的事例。

〔经 15〕俖，自怍也。〔经说〕俖。与人遇，人众，遁。

译文：〔经 15〕退缩是由于自己有惭愧之心的缘故。〔经说〕与人相遇，对方人多势众，容易产生遁退之心。

〔经 16〕狷，怍兼也。〔经说〕狷。为是之害彼也，弗为也。

译文：〔经 16〕洁身自好有愧于兼爱。〔经说〕（洁身自好者）对为此而害彼、为己而害人的事，也不愿意做。

〔经 17〕廉，怍非也。〔经说〕廉。己虽为之，知其耻也。

译文：〔经 17〕廉耻是对自己做错的事有所惭愧。〔经说〕有廉耻者自己虽然做错事，但知道做错事的耻辱。

〔经 18〕令，不为所作也。〔经说〕令。所非，身弗行。

译文：〔经 18〕善的品德是不做自己内心惭愧的事情。〔经说〕内心认为是错误的事情，自身就不要去做。

〔经 19〕任，士损己而益所为也。〔经说〕任。为身之所恶，以成人之所急。

译文：〔经 19〕任侠的精神，是士人肯于牺牲自己的利益，而使为自己所保护的人得到利益。〔经说〕有任侠精神者，能经受自身本来所不愿意经受的痛苦，以便成功救助别人的急难。

〔经 20〕勇，志之所以敢也。〔经说〕勇。以其敢于是也命之，不以其不敢于彼也害之。

译文：〔经 20〕英勇精神，是意志之所以敢于做某件事情的原因。〔经说〕由于某人敢于做某件事情，就可以说他有英勇精神，并不因为他不敢于做另一件事情，而妨害说他有英勇精神。

〔经 21〕力，形之所以奋也。〔经说〕力。重之谓。下举重，奋也。

译文：〔经 21〕力是物体运动变化的原因。〔经说〕重量可以叫作力。自下而上举起重物，是力引起物体运动变化之一例。

〔经22〕生，形与知处也。〔经说〕生。盈之生，常不可必也。

译文：〔经22〕生命现象，是形体与精神并存。〔经说〕形体与精神二者兼有，就有生命现象。但形体与精神不是经常必然兼有。

〔经23〕卧，知无知也。

译文：〔经23〕睡眠现象，是人的认识能力处于不从事认识活动的状态。

〔经24〕梦，卧而以为然也。

译文：〔经24〕做梦现象，是人在睡眠中以为发生了某件事情，而实际并未发生某件事情。

〔经25〕平，知无欲恶也。〔经说〕平。惔然。

译文：〔经25〕平静是人的认识能力、精神，没有发生好恶感情的心理状态。〔经说〕平静是安然恬淡的状态。

〔经26〕利，所得而喜也。〔经说〕利。得是而喜，则是利也。其害也，非是也。

译文：〔经 26〕利益是得到后感到喜悦的东西。〔经说〕得到这个而感到喜悦，则这个就是利益。如果是祸害，就不是这样。

〔经 27〕害，所得而恶也。〔经说〕害。得是而恶，则是害也。其利也，非是也。

译文：〔经 27〕祸害是得到后感到厌恶的东西。〔经说〕得到这个而感到厌恶，则这个就是祸害。如果是利益，就不是这样。

〔经 28〕治，求得也。〔经说〕治。吾事治矣，人有向背。

译文：〔经 28〕政治的治理，是以行动来求得的。〔经28〕我们从事治理，应该注意人心向背。

〔经 29〕誉，明美也。〔经说〕誉。必其行也，其言之欣，使人督之。

译文：〔经 29〕赞誉（表扬）是宣明人的美好言行。〔经说〕赞誉一定是针对人们行为的美好之处，这样赞誉的言论就会使其感到欣喜，从而使其得到督促。

〔经 30〕诽，明恶也。〔经说〕诽。必其行也，其言之作。

译文：〔经30〕批评是指出人的丑恶言行。〔经说〕批评一定是针对人们行为的丑恶之处，这样批评的言论就会使其感到惭愧。

〔经31〕举，拟实也。〔经说〕举。告以之名举彼实也。

译文：〔经31〕说"以名举实"的"举"（标举、列举），是指摹拟事物的实质。〔经说〕告诉你这个"名"（语词、概念），是为了标举（反映）那个"实"（实物、实体、实质）。

〔经32〕言，出举也。〔经说〕言。故言也者，诸口能之，出名者也。名若画虎也。言，谓也。言由名致也。

译文：〔经32〕言辞语句是把语词概念所标举、摹拟、反映的事物性质表达出来。〔经说〕所以说出言辞语句是人类口部的功能，是为了把语词概念表达出来。语词概念与事物的关系，犹如画虎以表现真虎一样。言辞语句是用来称谓陈述事物的。言辞语句是由语词概念联结构成的。

〔经33〕且，言然也。〔经说〕且。自前曰且，自后曰已，方然亦且。

译文：〔经 33〕"且"是表达事物某种存在状态的模态词。〔经说〕在事物的某种存在状态发生之前来表达它用"且"（将要），在事物的某种存在状态发生之后来表达它用"已"（已经、曾经），在事物的某种存在状态正在发生之时来表达它也可以用"且"。

〔经 34〕君，臣民通约也。〔经说〕君。以若民者也。

译文：〔经 34〕君是臣民共同约定的结果。〔经说〕君应当以民意为归顺。

〔经 35〕功，利民也。〔经说〕功。不待时，若衣裘。

译文：〔经 35〕政治的功效以符合人民的利益为标准。〔经说〕做对人民有利的事，不能待到不得已时才有所作为，就像穿衣服裘，应该预先准备，不能到不得已时才制作。

〔经 36〕赏，上报下之功也。

译文：〔经 36〕奖赏是上级对下级功劳的报答。

〔经 37〕罪，犯禁也。〔经说〕罪。不在禁，虽害无罪，若诒。

译文：〔经 37〕有罪是违犯国家法律的禁令。〔经说〕

某人的行为，如果不包含在国家法律禁令所禁止之列，则其行为虽然有社会危害性，也不算有罪，如轻微欺骗，虽然有社会危害性，但如果不包含在国家法律禁令所禁止之列，则不算有罪。

〔经38〕罚，上报下之罪也。

译文：〔经38〕惩罚是上级对下级罪过的处置。

〔经39〕同，异而俱于之一也。〔经说〕同。二人而俱见是楹也，若事君。

译文：〔经39〕同，是相异的事物都具有这同一属性（方面）。〔经说〕如两人都同时见到这一根柱子，又如不同的人共同事奉一个君主。

〔经40〕久，弥异时也。〔经说〕久。古今旦暮。

译文：〔经40〕"久"（时间概念）是一切不同具体时间形式的概括。〔经说〕如古代、今天、早晨、晚上。

〔经41〕宇，弥异所也。〔经说〕宇。东西南北。

译文：〔经41〕"宇"（空间概念）是一切不同处所的概括。〔经说〕如东方、西方、南方、北方。

〔经42〕穷，或有前不容尺也。〔经说〕穷。或不容尺有穷，莫不容尺无穷也。

译文：〔经42〕一个空间是有穷的，是指在用尺子来量它时，它的前面有一处不够一尺了（容不下放一根尺子）。〔经说〕用尺子来量一个空间，若是到一处，它的前面不够一尺了，则它是有穷的。若是每到一处，没有不够一尺的情况，则它是无穷的。

〔经43〕尽，莫不然也。〔经说〕尽。俱止、动。

译文：〔经43〕"尽"（所有的）是全称量词，如果在一个论域中，说"尽然"（所有的个体都是如此），即是说"没有个体不是如此"。〔经说〕如在一论域中，说"所有的个体都停止""所有的个体都运动"。

〔经44〕始，当时也。〔经说〕始。时或有久，或无久。始当无久。

译文：〔经44〕"开始"，就是相当于某物刚刚肇端的那一个时间点。〔经说〕时间或是"有久"（有绵延的时间量），或是"无久"（没有绵延、无穷小的时间量）。"开始"相当于"无久"（没有绵延、无穷小的时间量）。

〔经45〕化，征易也。〔经说〕化。若蛙鹑。

译文：〔经45〕事物性质变化，就是特征改变。〔经说〕如青蛙鹌鹑性质变化，就是特征改变。

〔经46〕损，偏去也。〔经说〕损。偏也者兼之体也。其体或去或存，谓其存者损。

译文：〔经46〕事物量的减少，就是它的部分失去了。〔经说〕"偏"是指"兼"中之"体"，即是指事物的部分。事物的部分或者失去了，或者存在着，事物量的减少是对于其存在着的部分来说的。

〔经47〕益，大也。

译文：〔经47〕事物量的增多，就是其量的扩大。

〔经48〕环俱柢。〔经说〕环。询民也。

译文：〔经48〕轮环处处都碾地。〔经说〕这可用询问民众的方法来解决。

〔经49〕窦，易也。〔经说〕窦。区、穴常若斯貌。

译文：〔经49〕孔洞是空间虚实变换的结果。〔经说〕取出的实面，与原来容纳它的孔洞（空面），恒常有如此相似的状貌。

〔经50〕动，或徙也。〔经说〕动。偏徙者，户枢、蛇、蚕。

译文：〔经50〕运动是物体至少有一部分迁徙。〔经说〕物体至少有一部分迁徙的例子，如门转轴的自转、蛇与蚕的蠕动。

〔经51〕止，以久也。〔经说〕止。无久之不止，当牛非马，若矢过楹。有久之不止，当牛马非马，若人过梁。

译文：〔经51〕静止需要经过一段时间的延续。〔经说〕"无久"（无穷小时间量）不是"止"（静止），相当于"牛"不是"马"（它们是排斥关系）。"无久之不止"（即无穷小时间之行）的例子，如飞矢穿过一根柱子。"有久"（经过一段时间延续）不是"止"（静止），相当于"牛马"不是"马"（它们是属种关系）。"有久之不止"（即经过一段时间延续之行）的例子，如人走过一座桥梁。

〔经52〕必，不已也。〔经说〕必。谓一执者也。若弟兄。一然者一不然者，必不必也，是非必也。

译文：〔经52〕"必然"，是指一种事物的状态，不停止地，一直如此下去。〔经说〕"必然"，是称谓一种事物的状态，一直如此下去，不改变。如说："有弟必然有兄。""必然"蕴涵着"尽然"（全称）。如果在一个论域中，有是这样的，有不是这样的，那一定不能叫作"必然"，只能称作"非必然"（不是必然）。

〔经53〕平，同高也。

译文：〔经53〕"平"是指不同个体，有同样高度。

〔经54〕同长，以正相尽也。〔经说〕同。楗与框之同长也。

译文：〔经54〕说两个物体"同长"（同样长度），是拿第三个东西作标准，来跟这两个物体作比较，而这两个物体与第三个作为标准的东西完全重合。〔经说〕如门楗门框同长。

〔经55〕中，同长也。〔经说〕中。心，自是往相若也。

译文：〔经55〕圆的中心到圆周的任一半径，都是同样长度。〔经说〕从圆心到圆周引半径都相等。

〔经56〕厚，有所大也。〔经说〕厚。惟无厚无所大。

译文：〔经56〕"厚"（指空间三维长宽高上的厚度）就是"有所大"（有一定的量）。〔经说〕只有"无厚"（即点）才在空间三维的长、宽、高上都"无所大"，其厚度值为零。

〔经 57〕日中，正南也。

译文：〔经 57〕"日中"是指太阳在正南的时候。

〔经 58〕直，参也。

译文：〔经 58〕直线，是三点中有一点，恰好介于另两点之间。

〔经 59〕圆，一中同长也。〔经说〕圆。规写交也。

译文：〔经 59〕圆是由一个中心、等长半径构成的平面图形。〔经说〕圆是用规写画的相交封闭图形。

〔经 60〕方，柱、隅四权也。〔经说〕方。矩写交也。

译文：〔经 60〕方是四边、四角相等的平面图形。〔经说〕方是用矩尺写画的相交封闭图形。

〔经 61〕倍，为二也。〔经说〕倍。二尺与尺但去一。

译文：〔经 61〕倍，就是在一个数上，再累积同样一个数。〔经说〕二尺减去一尺，等于一尺。

〔经 62〕端，体之无厚而最前者也。〔经说〕端。是无内也。

译文：〔经 62〕"端"（点）是作为线段构成部分最

前的"无厚"（没有厚度的空间点）。〔经说〕"端"（点），不考虑其内部再分。

〔经 63〕有间，中也。〔经说〕有间。谓夹之者也。

译文：〔经 63〕说两个物体有间隙，是指两个物体中间的空虚部分而言。〔经说〕说两个物体有间隙，是以夹持中空部分的两个物体，作为称谓的主体。

〔经 64〕间，不及旁也。〔经说〕间。谓夹者也。尺前于区而后于端，不夹于端与区内。及，非"齐及"之"及"也。

译文：〔经 64〕说两个物体的间隙，不涉及旁边的两个物体本身，只涉及两个物体之间的空隙部分。〔经说〕说两个物体的间隙，是指谓两个物体所夹持的空虚部分。在平面几何中，线是位于面的前边，夹持面，而作为面的界限的东西。线又是位于点的后边，被点夹持，而以点为界限的东西。即线夹面，而又被点所夹。这样，只能说"点夹线""线夹面"，而不能说"线夹于点与面内"，即不能说"点与面夹线"。我们说"间，不及旁也"的"及"，是指涉及、包含之意，不是"齐及"（相等）之意。

〔经 65〕离，间虚也。〔经说〕离。虚也者，两木之间，谓其无木者也。

译文：〔经 65〕两个物体分开有距离，则中间形成空虚之处。〔经说〕如说两块木头间的空虚处，是说两块木头间没有木头的地方。

〔经 66〕盈，莫不有也。〔经说〕盈。无盈，无厚。

译文：〔经 66〕在一定范围内说"盈"（充满、渗透、涵容），就是某物无处不存在（处处都存在）。〔经说〕说"无盈"（不充满、不渗透、不涵容），那除非是"无厚"（即无穷小的空间点，或质点）。

〔经 67〕坚白，不相外也。〔经说〕坚。于石无所往而不得二。异处：不相盈，相非，是相外也。

译文：〔经 67〕坚白两种性质，不互相排斥。〔经说〕在一块坚白石中，到处都可以发现坚和白两种性质。如果坚和白是处在两个不同的物体上，那么才可以说它们"不相盈"（不互相渗透），是互相排斥，互相除外的。

〔经 68〕撄，相得也。〔经说〕撄。尺与尺俱不尽。端与端俱尽。尺与端或尽或不尽。坚白之撄相尽。体撄不相尽。

译文：〔经68〕"撄"（接触、交叉、重合）是至少互相得到，或占有对方一部分。〔经说〕这一直线与那一直线交叉，二者都不完全重合。这一点与那一点迭合，二者完全重合。这一直线与那一点迭合，从点一方说，是完全被直线所占有了。从直线一方说，并没有被点所完全占有。在一块坚白石中，坚与白的渗透完全密合。如果两个元素只有部分接触，那当然不会完全重合。

〔经69〕比，有以相撄、有不相撄也。〔经说〕比。两有端而后可。

译文：〔经69〕对两个图形进行比较，可以用叠置法来看它们重合与不重合的部分。〔经说〕对两个图形进行比较，以它们都有端点边界为必要条件。

〔经70〕次，无间而不相撄也。〔经说〕次。无厚而后可。

译文：〔经70〕两个物体紧接着摆放，它们中间既无空隙，又不重合。〔经说〕这只在有"无厚"（即存在无穷小的空间点和物质点）的情况下，才有可能。

〔经71〕法，所若而然也。〔经说〕法。意、规、圆三也，俱可以为法。

译文：〔经71〕法则（规律）是人们遵循着它，而能得到确定结果的东西。〔经说〕例如人按照圆的定义，使用圆规，或者拿一个标准的圆模仿，都可以作为画圆的法则。

〔经72〕循，所然也。〔经说〕循。然也者，民若法也。

译文：〔经72〕遵循着规律办事，是人的行动之所以能取得预想结果的原因。〔经说〕人的行动之所以能取得预想结果，是由于人们遵循着规律办事。

〔经73〕说，所以明也。

译文：〔经73〕推论用来说出根据，讲明道理。

〔经74〕彼，不可两也。〔经说〕彼。"之牛。""其非牛。"两也，无以非也。

译文：〔经74〕辩论者不能举出两个不相干的论题来进行辩论。〔经说〕如说"这是牛"与"那不是牛"，这是两个不相干的论题，并不构成互相否定。

〔经75〕辩，争彼也。辩胜，当也。〔经说〕辩。或谓："之牛。"或谓："之非牛。"是争彼也。是不俱当。不俱当，必或不当，不若当犬。

译文：〔经75〕辩论就是双方争论一对矛盾命题的是非。其中辩论胜利的一方，就是所持论题符合实际的一方。〔经说〕如针对同一对象，有人说："这是牛。"有人说："这不是牛。"这就是争论一对矛盾命题的是非。一对矛盾命题不能同真。不能同真，必然有一不真，这不相当于如下议论，即一个人说："这是狗。"另一个人说："这是犬。"这种情况可以同真，不是必然有一不真。

〔经76〕讹，穷知而悬于欲也。〔经说〕讹。欲饮其鸩，智不知其害，是智之罪也。若智之慎之也，无遗于其害也，而犹欲饮之，则饮之是犹食脯也。搔之利害，未可知也，欲而搔，是不以所疑止所欲也。墙外之利害，未可知也，趋之而得刀，则弗趋也，是以所疑止所欲也。观"讹，穷知而悬于欲也"之理，食脯而非智也，饮鸩而非愚也。所为与所不为相疑也，非谋也。

译文：〔经76〕人的言行之所以会犯错误，是由于没有受理智支配，而受欲望支配。〔经说〕如某甲想喝毒酒，理智不知道毒酒的害处，这是理智的罪过。假若理智上很慎重，并没有忽视毒酒的害处，而还是想喝毒酒，那么他喝毒酒就像吃肉干一样（这种错误是由于受欲望支配，而不是受理智支配的结果）。某乙对搔马的利害（是否会被马踢伤）在事前不能确知，他只是想搔就搔了，这是不以他在理智上所持有的怀疑（是否会被马踢伤）来制止他想搔马的欲望（这时如果他真的被马踢伤，这种错误同样是由于受欲望支配，而不是受理智支配的结果）。某丙对到墙外去的利害（是否会受到伤害）在事前不能确知，即使去了能拾得钱币，也不贸然而去，这是以他在理智上所持有的怀疑（是否会受到伤害）来制止他想拾得钱币的欲望（这种理智上的慎重态度，可以使他避免受到伤害）。看"人的言行之所以会犯错误，是由于没有受理智支配，而受欲望支配的结果"这一道理，某甲吃肉干是由于欲望，而不是由于理智的聪明，喝毒酒是由于欲望，而不是由于理智的愚蠢。某乙所干的（搔马）和某丙所不干的（不去墙外）都只是在理智上对自己行为的后果和利害有疑问，还算不上深刻的智谋。

〔经77〕已：成；亡。〔经说〕已。为衣，成也。治病，亡也。

译文：〔经77〕"已"（已经）这个模态词有两种用法：一种是指已经成就某件事（表建设性）；一种是指已经消除某件事（表破坏性）。〔经说〕如说："已经制成一件衣服。"这是指已经成就某件事。而说："已经治好了某人的病。"这是指已经消除某件事。

〔经 78〕使：谓；故。〔经说〕使。令、谓，谓也，不必成。湿，故也，必待所为之成也。

译文：〔经 78〕"使"（命令、致使）这个模态词有两种用法：一种是指用言语，指使（叫、让）某人干某事。一种是指某种客观原因，致使某种结果必然产生。〔经说〕命令、叫某人干某事，这只是用言语指使，某人不一定干成某事。而像地湿这种自然现象（结果），则有致使它产生的客观原因。一定要等待这原因起作用，才能成立。

〔经 79〕名：达、类、私。〔经说〕名。物，达也，有实必待之名也命之。马，类也，若实也者必以是名也命之。臧，私也，是名也止于是实也。声出口，俱有名。若姓字丽。

译文：〔经 79〕语词概念分为外延最广的普遍概念、一般类概念和单独概念。〔经说〕如"物"（物质）是外延最广的普遍概念，凡存在着的实体，一定都等待着这一个概念来概括。"马"是一个类概念，凡如此这般具有马的属性的实体，一定用这个概念来概括。"臧"是一个单独概念，这个概念只用来指称某一个实体。凡语言从人口中说出，里面都一定包含着语词概念。语词概念指称事物，犹如姓名跟随着人一样。

〔经80〕谓：命、举、加。〔经说〕谓。谓犬"狗"，命也。"狗，犬。"举也。叱："狗！"加也。

译文：〔经80〕"谓"（称谓）有命名、列举和附加感情因素等用法。〔经说〕把犬叫作"狗"，这是命名。说"狗是犬"，这是列举。斥责说："狗！"这是再加之以感情因素。

〔经81〕知：闻、说、亲；名、实、合、为。〔经说〕知。传受之，闻也。方不㙙，说也。身观焉，亲也。所以谓，名也。所谓，实也。名实耦，合也。志行，为也。

译文：〔经81〕知识的种类：闻知、说知、亲知；名知、实知、合知、为知。〔经说〕传授来的知识是闻知，由已知推测未知是说知，亲自观察得来的是亲知，称谓陈述事物手段的知识是名知，对称谓陈述对象的知识是实知，概念理论和实际结合的知识是合知，自觉行动（即实践）的知识是为知。

〔经82〕闻：传、亲。〔经说〕闻。或告之，传也。身观焉，亲也。

译文：〔经82〕闻知有传闻和亲闻的不同。〔经说〕有人告诉某种情况，这叫传闻。亲身在场听到、看到某种情况，这叫亲闻。

〔经83〕见：体、尽。〔经说〕见。特者，体也。二者，尽也。

译文：〔经83〕观察有部分和全面两种。〔经说〕只见一面，叫部分观察。见到两面，叫全面观察。

〔经84〕合：正、宜、必。〔经说〕合。矢至侯中，志功正也。臧之为，宜也。非彼必不有，必也。圣者用而勿必，必也者可勿疑。

译文：〔经84〕符合有正合、宜合和必合的不同。〔经说〕如射箭想射中靶心，结果真的射中，这是动机和效果正好符合（正合）。臧的行为合乎分寸，这叫宜合。没有那个必然没有这个，这是必合（符合必然规律）。圣明的人做事，不轻易用必然命题。如果事物真是有必然性，那么可以不用怀疑。

〔经85〕欲正权利，且恶正权害。〔经说〕欲。权者两而勿偏。

译文：〔经85〕正当的欲望可以用来权衡利益，正当的厌恶可以用来权衡害处。〔经说〕在权衡思考的时候，要遵守"两而勿偏"的原则，顾及事情两面，而不要只顾及事情一面。

〔经86〕为：存、亡、易、荡、治、化。〔经说〕为。甲台，存也。病，亡也。买鬻，易也。消尽，荡也。顺长，治也。蛙、鹑，化也。

译文：〔经86〕自觉行动的实践有：保存、消除、交易、荡平、治理、变化。〔经说〕制甲造台是保存的行为，治病是消除的行为，买卖是交易的行为，消除净尽是荡平的行为，遵循规律而使之长大是治理的行为，蛙鹑养殖是利用生物变化的行为。

〔经87〕同：重、体、合、类。〔经说〕同。二名一实，重同也。不外于兼，体同也。俱处于室，合同也。有以同，类同也。

译文：〔经87〕相同的种类：重同、体同、合同、类同。〔经说〕两个名称指谓同一个实体是"重同"。若干部分同属一个整体是"体同"。共同处于同一空间是"合同"。在某方面有相同性质是"类同"。

〔经88〕异：二、不体、不合、不类。〔经说〕异。二必异，二也。不连属，不体也。不同所，不合也。不有同，不类也。

译文：〔经88〕相异的种类：二之异、不体之异、不合之异、不类之异。〔经说〕两个个体必然相异是"二之异"。不从属于同一整体是"不体之异"。不存在于同一处所是"不合之异"。在某方面没有相同性质，是"不类之异"。

〔经89〕同异交得仿有无。〔经说〕同异交得。于富家良知，有无也。比度，多少也。蛇蚓旋圆，去就也。鸟折用桐，坚柔也。剑犹甲，死生也。处室子母，长少也。两色交胜，白黑也。中央，旁也。论行、行行、学实，是非也。鸡宿，成未也。兄、弟，俱适也。身处志往，存亡也。霍，为姓故也。价宜，贵贱也。超城，运止也。

译文：〔经89〕同一性和差异性是互相渗透的，可以同时把握，例如"有"和"无"集于同一人之身。〔经说〕一个人有富家、无良知，或无富家、有良知，是"有"和"无"集于同一人之身。一数与不同的数相比，既多且少。蛇、蚓蚓旋转，既去（离开）且就（接近）。鸟儿筑窝折用的梧桐树枝，既坚且柔。用剑杀死敌人，同时就保存了自己的生命，所以剑这种杀伤性武器，也有如铠甲一样的防御作用。一个有未出嫁女儿的母亲，既长（对于她的女儿来说）且少（对于她的母亲来说）。一物颜色比甲物淡，又比乙物浓，既白且黑。一圆的中心可以是另一圆的周边，既是"中央"又是"旁"。言论与行动、行动与行动、学问与实践，既有是又有非。母鸡孵雏的某一时刻，幼雏既成又未成。兄弟三人中的老二，说他是兄或弟都合适。一个人的身体处在这里，而心志却跑往别处去了，是既存且亡。霍本指鹤，又因为霍兼做了人的姓氏的缘故，使"霍"这个字有了歧义。买卖双方商议的适宜价格，对卖方来说是够贵的，他才肯卖，对买方说是够贱的，他才肯买，这是贵贱集于同一价格之身。以超越城墙为目标的竞技活动，既有运动，又有停止，这是运动和静止两种性质集于同一人之身。

〔经90〕闻，耳之聪也。

译文：〔经90〕听闻是健全的听觉器官耳朵的作用。

〔经91〕循所闻而得其意，心之察也。

译文：〔经91〕根据所听到的言辞，而把握其中的含义，是心智的考察分析作用。

〔经92〕言，口之利也。

译文：〔经92〕言说是健全的发音器官口部的作用。

〔经93〕执所言而意得见，心之辩也。

译文：〔经93〕根据其言词而得见其中的意义，是心智的辨别分析作用。

〔经94〕诺，不一，利用。〔经说〕诺。相从、相去、先知、是、可。五色、长短、前后、轻重援。

译文：〔经94〕"诺"的方式（讨论讲授科学知识时所用的问答法）不止一种，可以根据具体情况来应用。〔经说〕"相从"（从已知知识，跟随做出结论）、"相去"（从已知的选择关系和已有的选择出发，排除其他选择）、"先知"（断定先前已知）、"是"（确定断定个体）、"可"（对所提问题做肯定回答），是五种常用的问答方式。"五色、长短、前后、轻重"等，是讨论讲授科学问题时经常被援引的素材。

〔经95〕服，执倪言，利。〔经说〕服。执难，成言务成之，诡则求执之。

译文：〔经95〕在用言论说服人的时候，制止邪说诡辩，对世人有利。〔经说〕在辩论中把握对方的言论，是困难的事情。对方正确的言论，须务求助成它。对方诡辩的言论，须务求制止它。

〔经96〕巧传则求其故。

译文：〔经96〕对代代相传的手工业技巧、技术，则探求它的原因和规律。

〔经97〕法同则观其同。〔经说〕法。法取同，观巧传。

译文：〔经97〕如果事物的法则（规律）相同，则观察其相同的方面。〔经说〕把握事物相同法则（规律）的事例，在代代相传的手工业技巧、技术中，可以观察到。

〔经98〕法异则观其宜。〔经说〕法。取此择彼，问故观宜。以"人之有黑者"、"有不黑者"也，止"黑人"；与以"有爱于人"、"有不爱于人"，止"爱人"：是孰宜？

译文：〔经98〕如果在推论中遇到法则、法式（形式、格式）不同的情况，则应该观察应用哪种法则、法式适宜。〔经说〕在确定一个推论是否适宜时，是选择这个还是选择那个，需要检查前提，才能观察其是否适宜。如用"有些人是黑的"和"有些人不是黑的"来反驳"所有人是黑的"，与用"有些人被人爱"和"有些人不被人爱"来反驳"所有人应该爱所有人"，这两个推论哪个是适宜的呢？（言外之意是前一个反驳适宜，后一个反驳不适宜）

〔经99〕止，因以别道。〔经说〕止。彼举"然者"，以为"此其然"也，则举不然者而问之。若"圣人有非而不非"。

译文：〔经99〕"止"这种反驳方式，是用来区别和限制一个一般性道理的。〔经说〕对方列举若干正面事例，想当然地推出"所有这一类事物都是如此"的一般结论，我则列举"有事物不是如此"的反例来问难。如反驳"圣人见别人有非却不揭露其非"。

〔经100〕正无非。〔经说〕正。五诺，皆人于知。有说，过五诺，若"圆无直"。无说，用五诺，若自然矣。

译文：〔经100〕正确的科学理论应该排除其中错误的成分。〔经说〕讨论讲授科学问题时，经过五种问答方式，人人对论题都已经知晓了。假如论题还需要证明，那么可以一一经过五种问答方式，例如对"一圆周上任何三点都不在一直线上"的定理的证明就是这样。假如论题不需要证明，那么用五种问答方式中的一部分，特别是后两种（是、可），论题就好像是自明一样。

二、《经下》《经说下》

〔经101〕止，类以行之，说在同。〔经说〕止。彼以此其然也，说是其然也；我以此其不然也，疑是其然也。

译文：〔经101〕"止"这种反驳方式应该按照事物的类别来进行，因为我所要反驳的与对方所要证明的是同一论题。〔经说〕对方如果从"某类事物都是如此"，推出"这个事物是如此"，我则根据"并非某类事物都是如此"，怀疑"这个事物是如此"。

〔经102〕推类之难，说在之大小、物尽、同名、二与斗、爱、食与招、白与视、丽与暴、夫与屦。〔经说〕推。谓四足，兽与？并鸟与？物尽与？大小也。此然是必然，则俱为麋：同名。俱斗不俱二：二与斗也。包肝肺子：爱也。掘芽：食与招也。白马多白，视马不多视：白与视也。为丽不必丽，为暴必暴：丽与暴也。为非以人，是不为非，若为夫勇，不为夫；为屦以买衣，为屦：夫与屦也。

译文：〔经102〕类推存在困难，有导致谬误产生的可能，论证这一点可以列举"大小、物尽、同名、二与斗、爱、食与招、白与视、丽与暴、夫与屦"等事例。〔经说〕如说到"四足"，能够断定是兽呢，还是两鸟相并而立呢？甚至于说万物尽是如此呢？这就牵涉到"四足"范围大小的问题。若见甲四足是麋，乙四足是麋，就说所有四足都是麋，丙是四足，就说丙必定是麋，甚至于说万物尽是（俱是）麋，把"麋"变成了万物的"同名"了，这岂不荒谬？"甲与乙斗殴"可以说"甲与乙俱（都）在斗殴"，但"甲与乙二人"不能说"甲与乙俱是二人"（只能说"甲与乙俱是一人"）。肝、肺本是内脏器官，又可引申以指对儿子的爱怜之情（"心肝"）。看见一个人在挖掘茅草，不能断定他是用来吃，还是用来招神祭祀。说"白马"是指马身上白的地方多，但说"视马"却并不需要多看上几眼。人为地想打扮得美丽，结果却不一定真的美丽，但人为地残暴，结果一定就是残暴。因为别人的原因而被迫犯错误，并不等于自己主观上想犯错误，就像表现武夫之勇不等于做丈夫。但是做鞋子以交换衣服，却就是做鞋子。

〔经103〕一，偏弃之。〔经说〕一。一，与一，亡；不与一，在：偏去。

译文：〔经103〕一个整体，可以去掉一部分。〔经说〕从一个整体中去掉的部分，如果与原整体结合，则它就失去独立存在的地位。如果不与原整体结合，则它就具有独立存在的地位。这是说的从一个整体中，去掉一部分的情况。

〔经104〕谓而固是也，说在因。〔经说〕谓。有之实也，而后谓之。无之实也，则无谓也。不若假。举"美"谓是，则是固美也，谓也。则是非美，无谓，谓则假也。

译文：〔经104〕称谓要固定地反映事物的某种实质，论证的理由在于称谓要以事物的实际情况为转移。〔经说〕有这样的实际情况，然后才能有这样的称谓。没有这样

的实际情况，就不能有这样的称谓。这不像说假话。举出
"美"的语词概念，称谓这样一种状况，则是因为这样一
种状况本来就美，才这样来称谓它。如果这样一种状况本
来不美，就不能这样称谓。如果这样称谓，就是假的。

〔经105〕不可偏去而二，说在见与不见、俱一与二、
广与修。〔经说〕不。见、不见离，一、二不相盈，广修、
坚白相盈。

译文：〔经105〕有些由两个元素构成的集合，其中
的两个元素互相渗透、不能去掉其一，如一个较大的物
体，我们看见这边，看不见那边，这"见与不见"两面
不可偏去其一。由两个元素"一"构成的集合"二"，从
元素说，每一个都是一个（俱一），这"俱一与二"两面
互相渗透、不能去掉其一。一个面积中的宽度与长度二
者互相渗透，不能去掉其一。〔经说〕对一个较大物体，
看见的一面和看不见的一面，分离为两个不同方面。元
素"一"和集合"二"也是两件不同的事情，"二"包含
"一"，"一"不包含"二"，一边"盈"，一边不"盈"，
所以说"一、二不相盈"。而一个面积的宽度和长度，是
每一处都互相渗透，不能去掉其一。一块石头的坚性和白
性也是同样，即每一处都互相渗透，不能去掉其一。

〔经106〕不能而不害，说在容。〔经说〕不。举重不举针，非力之任也。为握者之奇偶，非智之任也。若耳目。

译文：〔经106〕人的才能，总是有所能，有所不能。有所不能，不是害处。论证在于用面部器官的作用比喻类推。〔经说〕举重运动员不善举针绣花，因为这不是大力士的职任。握筹善算的数学家不善讲演辩论，因为这不是数学智慧的职任。如耳管听，目管看，各有职任专长，不能互相替代。

〔经107〕异类不比，说在量。〔经说〕异。木与夜孰长？智与粟孰多？爵、亲、行、价四者孰贵？麋与鹤孰高？蝉与瑟孰悲？

译文：〔经107〕不同类的事物，不能在同一个方面相比，因为它们有不同的量度标准。〔经说〕提出如下的问题是荒谬的：木头与夜间，哪一个更长？某人的智慧与粟米，哪一样更多？爵位、亲缘、德行、价格，哪一样更贵？在地上奔跑的麋鹿与在天空飞翔的仙鹤，哪一个更高？蝉虫的鸣叫和琴瑟弹奏声，哪一个更悲？

〔经108〕偏去莫加少，说在故。〔经说〕偏。俱一无变。

译文：〔经108〕从一个整体中，去掉一部分，作为整体的数量还没有减少，因为整体的数量还是原来那样。

〔经说〕虽然整体从量上说，是减少了，但作为整体的数量还是原来那一个，没有变化。

〔经109〕假必悖，说在不然。〔经说〕假。假必非也，而后假。狗假鹤也，犹氏霍也。

译文：〔经109〕虚假必然有悖于事实，因为事实并不是如此。〔经说〕虚假必然是错误的，然后才能说是虚假。比如一只狗假装成鹤，它并不就成为鹤，犹如一个人姓霍，并不等于鹤一样。

〔经110〕物之所以然，与所以知之，与所以使人知之，不必同，说在病。〔经说〕物。或伤之，〔所以〕然也。见之，〔所以〕知也。告之，〔所以〕使知也。

译文：〔经110〕事物之所以如此的原因，与人们知道这原因的途径，与使人知道的方式，不一定相同，例如某人生病。〔经说〕在某种情况下他受到伤害，这是他之所以生病的原因。我亲眼看到了他因受伤而生病，这是我知道这原因的途径。我亲口告诉了别人，这是我使人知道的方式。

〔经111〕疑，说在逢、循、遇、过。〔经说〕疑。逢为务则士，为牛庐者夏寒：逢也。举之则轻，废之则重，若石羽，非有力也；沛从削，非巧也：循也。斗者之弊也，以饮酒，若以日中，是不可知也：遇也。知与？以已为然也与？过也。

译文：〔经111〕怀疑、猜想，还不等于确切的知识。譬如偶然遭逢、循势而为、路遇斗殴、以昔比今等事例。〔经说〕偶然碰到忙于事务的人，就臆测他是管事的士；偶见搭牛棚的人，就想象他为的是取夏天的凉爽：这是偶然遭逢的猜疑。看到有人用桔槔机提举重物，当他举起重物时，显得轻如羽毛，而当他把重物放在地上时，却又显得重如磐石，不能由此臆测他有与众不同的神力（实际上这是由于借助机械的缘故）；木工匠人顺着木头的纹理刮削，木片纷纷然落地，也不能猜想他有超人的技巧：这是循势而为的猜疑。偶见人打架，他们是由于酗酒，还是由于在市场贸易而引发的争执，暂时还不能确知：这是路遇斗殴的猜疑。对于现实的事物，是有真切的知识，还是由于过去曾经如此就说现在仍然如此：这是以昔比今的猜疑。

〔经112〕合，与一或复否，说在矩。

译文：〔经112〕比较两个几何图形是否相合、相等，可以将它们跟一个共同标准相比较，看它们是否能与这个标准相迭合，如用矩尺来比较许多方形是否相等。

〔经113〕区物一体也，说在俱一、惟是。〔经说〕区。"俱一"若牛、马四足。"惟是"当"牛马"。数牛数马则牛、马二。数"牛马"则"牛马"一。若数指，指五而"五"一。

译文：〔经113〕当把世界上的事物区划为不同的整体时，会遇到集合与元素这两方面的性质，论证的理由就在于解释"俱一"（从元素方面说，它们"每一个都是一个"）与"惟是"（从集合方面说，"仅仅这一个"，即集合有不能分配于其元素的整体的性质）。〔经说〕解释"俱一"的例子，如说"牛、马四足"，这是指牛、马两个元素"每一个都是一个"的意义，即牛与马分别都是"四足"。解释"惟是"（集合作为一个整体"仅仅这一个"的性质）的例子，如说"牛马"这一个集合。从元素方面说，数牛数马，则有牛、马这两个元素。而从集合方面说，数"牛马"，则只有"牛马"这一个集合。再如数一只手的指头，从元素方面说，指头有五个；而从集合方面说，"五指"的集合却只有一个。

〔经114〕宇徙，说在长宇、久。〔经说〕宇。宇徙而有处，宇南宇北，在旦又在暮，宇徙久。

译文：〔经114〕关于物体在空间迁徙运动的时间性，论证的关键在于说明物体的运动随着空间的转移，也同时

· 269 ·

经历时间的绵延。〔经说〕物体在空间中迁徙运动，要占有一定的处所（空间），例如物体在空间中由南往北迁徙运动，在时间上经历了由早到晚的过程，所以物体在空间中的迁徙运动也同时经历时间的绵延。

〔经 115〕"不坚白"（《墨经》作者引辩论对方的论点），说在无久与宇。

译文：〔经 115〕关于反驳"不坚白"（即坚白相离、坚白离石）的论点，论证的关键在于，把时间和空间分割为无穷小的单位，即"无久""无宇"（无厚）时，"坚""白"也还是相盈而不离于石的。

〔经 116〕坚白，说在因。〔经说〕坚。抚坚得白，必相盈也。

译文：〔经 116〕关于坚白之辩，论证的关键在于说明二者是互相因依渗透的。〔经说〕当我们用手触摸石头的坚硬性质时，同时也能看到白色，这就说明坚白两种性质在石头中是互相渗透的。

〔经 117〕察诸其所然、未然者，说在于是推之。〔经说〕察。"尧善治"，自今察诸古也。自古察之今，则尧不能治也。

译文：〔经117〕审察某事之所以这样和之所以不这样的原因，可以从"尧善治"的命题适用于古而不适用于今的事例类推而知。〔经说〕说"尧善治"，这是从今天的情况出发，考察古代的情况（即"尧善治"是指善于治理古代）。假如从古代的情况出发，考察今天的情况，那么就不能够说"尧善治"（即"尧善治"不是指善于治理现代）。

〔经118〕影不徙，说在改为。〔经说〕影。光至影亡。若在，尽古息。

译文：〔经118〕物体的影子本身是不会迁徙的，论证的理由在于，通常所看到的"影子迁徙"是光源和物体相对位置改变的结果。〔经说〕由于光源和物体相对位置的改变，光线照到了原来影子形成的地方，则影子就消失了。如果光线照到了原来影子形成的地方，影子仍没有消失，则影子就会永久留存在那里，这当然是不可能的。

〔经119〕影二，说在重。〔经说〕影。二光加一光，一光者影也。

译文：〔经119〕两个光源照射同一个物体，会形成两个影子，这两个影子会发生重叠，而形成本影和半影两部分，论证的理由在于，有两个光源重复照射，会形成两个影子互相重叠的现象。〔经说〕两个光源所形成的两个半影夹着一个本影。

〔经120〕影倒，在午，有端与影长，说在端。〔经说〕影。光之人，照若射。下者之人也高，高者之人也下。足蔽下光，故成影于上。首蔽上光，故成影于下。在远近、有端与于光，故影窟内也。

译文：〔经120〕形成倒影的条件，在于光线交错，有一个小孔，并且影子有一定长度，论证的关键在于存在小孔。〔经说〕光线达到人身，光线照耀，就像射箭，是直线进行的。人下部的影子形成于高处；人高处的影子形成于下处。人的足部遮蔽从下部照来的光线，所以形成的影子在上边。头部遮蔽从上部照来的光线，所以形成的影子在下边。人站在离墙有一定远近的地方，墙上有一个小孔，并且被光线照射，所以倒影形成在室内。

〔经121〕影迎日，说在转。〔经说〕影。日之光反烛人，则影在日与人之间。

译文：〔经121〕影子迎着太阳（影子在太阳和人之间），论证的理由在于日光的被反射。〔经说〕太阳的光线被镜子反射到人的身上，则影子形成于太阳和人之间。

〔经122〕影之大小，说在斜正远近。〔经说〕影。木斜，影短大。木正，影长小。光小于木，则影大于木。非独小也，远近。

译文：〔经122〕光源照射物体所形成的影子，有大小的不同，论证的理由在于物体摆放的斜正，光源距物体的远近等。〔经说〕用木头做实验，木头斜放，则影子短大。木头正放，则影子长小。光源小于木头，则影子大于木头。不仅有光源小于木头的情况，还有光源大于木头的情况，这时影子会小于木头。当光源距木头远时，影子小。当光源距木头近时，影子大。

〔经123〕临鉴而立，影倒，多而若少，说在寡区。〔经说〕临。正鉴，影多寡、貌态、白黑、远近、斜正异于光。鉴、影当俱，就、去亦当俱，俱用背。鉴者之容，于鉴无所不鉴。影之容无数，而必过正。故同处，其体俱然鉴分。

译文：〔经123〕人站在球面镜前，会形成倒立的像，或缩小的像，论证的理由在于镜面是一个较小的区域。〔经说〕面对球面镜，像的大小、状貌形态、明暗、远近、正倒与物体有区别。物体在镜前，镜与物体镜像总是同时存在。物体与镜像接近与离开镜面的运动也总是同时存在。并且物体与镜像的运动方向总是相反。被照物体的容貌在镜中都会有所反映。镜像的容貌多样，而且一定会歪曲原物的形象。所以物体与镜面同在一处，物体在镜面的不同部分会形成不同的镜像，就像物体被镜面分开了一样。

〔经 124〕鉴凹，影一小而易，一大而正，说在中之外内。〔经说〕鉴。中之内：鉴者近中，则所鉴大，影亦大。远中，则所鉴小，影亦小。而必正：起于中、缘正而长其值也。中之外：鉴者近中，则所鉴大，影亦大。远中，则所鉴小，影亦小。而必易：合于中而长其值也。

译文：〔经 124〕凹镜成像，一种情况是镜像比物体小，并且是倒立的。另一种情况是镜像比物体大，并且是正立的，论证的理由在于，物体是处在球心之外还是焦点之内。〔经说〕物体在焦点之内成镜像的情况：照镜子的人接近焦点，则所照的面积大，成镜像也较大。远离焦点，则所照的面积小，成镜像也较小。但镜像都一定是正立的：这是光线从焦点和球心出发，与镜面正交，并向镜后延长相交而成像的结果。物体在球心之外成镜像的情况：照镜子的人接近球心，则所照的面积大，成镜像也较大。远离球心，则所照的面积小，成镜像也较小。但镜像都一定是倒立的：这是光线会合于焦点和球心中间，并延长相交而成镜像的结果。

〔经 125〕鉴团影一。〔经说〕鉴。鉴者近，则所鉴大，影亦大；其远，所鉴小，影亦小；而必正。影过正故招。

译文：〔经125〕凸镜成像只有一种情况。〔经说〕物体距镜面近，则所照面积大，成镜像也大。距镜面远，则所照面积小，成镜像也小。但镜像一定是正立的。物体距镜面过远，镜像与原物差别过大，所以会招摇不定。

〔经126〕负而不翘，说在胜。〔经说〕负。衡木加重焉，而（标端）不翘，极胜重也。右校交绳，无加焉而翘，极不胜重也。

译文：〔经126〕使用桔槔机提取重物时，本端负重，而标端不会翘起来，论证的理由在于，标端的重力距胜过本端与重物的重力合力距。〔经说〕横杆本端加上重物以后，而标端不会翘起来，那是标端的重力距胜过本端与重物的重力合力距的缘故。如果从右边调节立柱与横杆的连结之处，交点过于靠近标端，那么即使本端没有加上重物，标端也会翘起来，那是标端的重力距没有胜过本端重力距的缘故。

〔经127〕衡而必正，说在得。〔经说〕衡。相衡则本短标长。加重于其一旁，必垂。权重相若也，两加焉，重相若，则标必下，标得权也。

译文：〔经127〕秤杆必须保持平衡，论证的理由在于，秤杆标端得到了一个可以在秤杆标端任意调节滑动的秤锤。〔经说〕秤杆保持平衡，则本端短，标端长。如果秤杆已经保持了平衡，再在秤杆的某一端加上重量，那一端一定会下垂。如果秤锤与重物相等，分别加在秤杆的标端与本端，则标端一定会下垂，这是本来本端较短，标端较长，而标端又得到了一个与重物相等的秤锤的缘故。

〔经128〕挈与收反，说在权。〔经说〕挈。挈有力也，引无力也。不必所挈之止于斜也，绳制挈之也，若以锥刺之。挈：长重者下，短轻者上，上者愈得，下者愈亡。绳直，权重相若，则止矣。收：上者愈丧，下者愈得。上者权重尽，则遂挈。

译文：〔经128〕用滑轮提升与收取重物的方向相反，论证的关键在于，使用一个起牵拉、缓冲或平衡作用的标准重物"权"。〔经说〕由下而上提升重物，要用力气。由上而下收取重物，是利用重力的作用，使重物自动下降，所以不用力气。要想方便或省力地提取重物，不一定只利用斜面这一种方式，用绳索制动滑轮以提取重物，就像用锥子刺物一样方便省力。由下往上提升重物时，系在绳子一端的相对较重的"权"，靠着重力的作用会自动下降，系在绳子另一端的相对较轻的重物则被自动地往上提。被提举的重物越来越靠近上边，靠重力下降的"权"

会越来越接近地面。如果制动定滑轮的绳子两边下垂，分别悬挂的"权"和重物重量相等，那么两边就会静止不动。由上往下收取重物时，系在绳子一端的相对较轻的"权"，离地越来越远，越来越靠近上边，重物凭借重力的作用，越来越靠近地面。待"权"上升到滑轮边沿时，如果还想提升重物，则需用人力把重物稍稍提举，以便使"权"能够再次自动下落，开始新一轮提举重物的过程。

〔经 129〕倚者不可正，说在梯。〔经说〕倚：背、拒、牵、射，倚焉则不正。两轮高，两轮为轮，车梯也。重其前，弦其前，载弦其胡，而悬重于其前。是梯，挈且挈则行。凡重，上弗挈，下弗收，旁弗劫，则下直。斜，或害之也，流梯者不得下直也。今也废石于平地，重，不下，无旁也。若夫绳之引胡也，是犹自舟中引横也。

译文：〔经 129〕偏斜的东西不能够垂直，如车梯。〔经说〕背负、抵拒、牵引、投射，都有偏斜而不垂直的现象。车梯的前两轮低，后两轮高。因为车梯的重心偏前，为了在装运过程中保持车梯的平衡，需要在车前系以绳索，使绳索下垂，而悬以重物。这种车梯，提起前端并向前牵引，则能够前行。凡是重物，不往上提举，不往下收取，不从旁边给予强力，而仅受重力作用，则会垂直下落。斜面对物体的下落起某种妨害作用，在梯子上滑动的

· 277 ·

物体，不能够垂直下落。现在把一块石头放在平地上，它有重力，但受地面阻力的作用，不会下落，也没有从旁边来的作用力，它就会静止不动。说到用绳索牵引车梯前行的运动方式，这就像用绳索牵引舟前横木使舟做水平运动一样。

〔经130〕堆之必柱，说在废材。〔经说〕堆。并石、垒石，循夹寝者法也。方石去地石，关石于其下，悬丝于其上，使适至方石。不下，柱也。胶丝去石，挈也。丝绝，引也。未变而名易，收也。

译文：〔经130〕堆砌一定要有所支撑，论证的理由在于，放置建筑材料应遵循一定的法则。〔经说〕每层并砌和层层垒砌石料，要遵循互相夹持着摆放的法则。取一块方石，让它离地面正好有一块石头的间隔，然后放一块石头在它下面，在它上面悬挂一根丝绳，使丝绳下端正好够着这块方石。这块方石不落下，是由于受到下面石头的支撑。把丝绳胶结在上面那块石头上，去掉下面的石头，这时会发现丝绳对石头的提举作用。如果丝绳断了，这时会发现石头向下的牵引作用。还是这种情况，而换一种说法，从地面角度来说，这是地面对石头收取的作用。

〔经131〕买无贵，说在反其价。〔经说〕买。刀籴相

为价。刀轻则籴不贵，刀重则籴不易。王刀无变，籴有
变。岁变籴，则岁变刀。若鬻子。

译文：〔经 131〕商品的价格没有绝对的贵贱，论证
的理由在于，商品的价格可以由货币的币值来反观。〔经
说〕货币与商品可以互相比价。当货币贬值时，商品表面
价格上涨，而实际价值并未上涨。当货币升值时，商品表
面价格下跌，而实际价值并未下跌。如果国家规定的货币
币值没有变化，商品价格也会因供求关系和人们的购买欲
望而有变化。每年商品价格有变化，则每年也会影响到货
币币值的变化。例如卖儿子，在不同年景，情况是有所不
同的。

〔经 132〕价宜则售，说在尽。〔经说〕价。尽也者，
尽去其所以不售也。其所以不售去，则售。价也宜不宜在
欲不欲。若败邦鬻室嫁子。

译文：〔经 132〕商品价格适宜，则交易会成功，论证
的理由在于买方不想购物的欲望是否全部都被排除。〔经
说〕这里说的"全部"，就是指全部排除买方所以不想购
物的欲望。买方所以不想购物的欲望全都排除，交易则会
成功。所以这里说的商品价格适宜不适宜，就在于买方想
不想购物。如在战败国，要想用很高的价钱卖妻妾、嫁女
儿是不容易的。

〔经 133〕无说而惧，说在弗必。〔经说〕无。子在军，不必其死生；闻战，亦不必其死生。前也不惧，今也惧。

译文：〔经 133〕没有充分理由而恐惧，论证的理由在于缺乏必然性。〔经说〕儿子在军队里，不能必然断定他的生死情况；现在听到战斗的消息，也同样不能必然断定他的生死情况。前者不恐惧，现在却恐惧起来，这是没有必要的。

〔经 134〕或过名也，说在实。〔经说〕或。知是之非此也，又知是之不在此也，然而谓此南、北，过而以已为然。始也谓此南方，故今也谓此南方。

译文：〔经 134〕名称有时会过时，论证的理由在于，事物的实际情况已经起了变化。〔经说〕知道这个已经不是这个了，又知道这个已经不在这里了，然而因为过去曾经把这个地方叫"南""北"，现在就还说这个地方是"南""北"，这就是事情已经过去了，还以"过去曾经如此"为理由，而说"现在还是如此"。因为开始把这个地方叫"南方"，所以现在还把这个地方叫"南方"。

〔经 135〕"知知之否之足用也"悖，说在无以也。〔经说〕知。论之非知无以也。

译文：〔经 135〕"知道自己是知道还是不知道，这就够用了"的论点，是自相矛盾的，论证的理由在于这样说是不够用的。〔经说〕讨论一个问题，要求知道那个问题。如果说："讨论一个问题，就承认不知道那个问题，这就已经够用了。"这样说是不够用的，况且既然说"知道自己不知道"，却又说"够用"，是自相矛盾。

〔经 136〕谓"辩无胜"必不当，说在辩。〔经说〕谓。"所谓非同也，则异也。同则或谓'之狗'，其或谓'之犬'也。异则或谓'之牛'，其或谓'之马'也。俱无胜。"（以上引辩论对方语）是不辩也。辩也者，或谓之是，或谓之非。当者胜也。

译文：〔经 136〕说"辩论没有胜负可言"一定是不恰当的，论证的理由在于究竟什么叫作辩论。〔经说〕对方说："辩论双方如果所说的不是相同，那么就是相异。如果辩论双方所说的是相同，则如下例：甲说：'这个动物是狗。'乙说：'这个动物是犬。'这可以'俱无胜'（都没有胜利）。如果辩论双方所说是相异，则如下例：甲说：'这个动物是牛。'乙说：'这个动物是马。'这也可以'俱无胜'（都没有胜利）。所以，不管辩论双方所说的是相同还是相异，总是'俱无胜'（都没有胜利）。"对方说的这些情况并不构成辩论。凡是辩论，一定是关于某件事情的某种属性，甲说"是"，乙说"非"（不是）。而"当"（即符合实际）的一方就是在辩论中胜利的一方。

〔经137〕"无不让也"不可，说在酤。〔经说〕无。让者酒，未让酤也，不可让也，若酤于城门与于臧也。

译文：〔经137〕"无事不让"（凡事都让）的论题不能成立，论证的理由在于，请客吃饭时，买酒的事情就不能让。〔经说〕请客吃饭时，可以对客人"让酒"，但如果酒喝完了，不能让客人去买酒，买酒之事不可让于客人，如需到城门内去买酒，可以让自己家里的仆人臧去买，不能让客人去买。

〔经138〕于一，有知焉，有不知焉，说在存。〔经说〕于。石，一也。坚、白，二也，而在石。故有知焉，有不知焉可。

译文：〔经138〕一个事物有多种不同的性质，人在某些情况下对其性质有知道的，有不知道的，但这些性质是存在于事物本身的。〔经说〕例如有一块石头具有坚白两种性质，但坚白这两种性质是存在于石头本身的。在这种情况下可以说对其性质有知道的，有不知道的。

〔经139〕有指于二，而不可逃，说在以二参。〔经说〕有指。子知是，又知是吾所先举，则重。子知是，而不知吾所先举也，是一，谓"有知焉，有不知焉"可。若知之，则当指之知告我，则我知之。兼指之以二也。横指之，参直之也。若曰："必独指吾所举，毋举吾所不举。"则二者固不能兼指。所欲指不传，意若未较。且其所知是也，所不知是也，则是知是之不知也。恶得为一，而谓"有知焉，有不知焉"？

译文：〔经139〕假设有二人，同时指认事物的两种不同性质，那么，这两种不同的性质就可以同时为人所把握而无所逃逸，论证的理由在于，假设有二人同时参与认识活动。〔经说〕你知道这种性质，又知道这种性质也是我先前所已经认识并列举出来的，那么我们二人的所知就是重复的。你知道这种性质，而不知道这种性质也是我先前已经认识并列举出来的，那么你就是只知其一，而不知其二。在这种情况下，说"一个事物有多种不同的性质，对其性质有知道的，有不知道的"，是可以的。你如果知道了事物的一种性质，则应当把你已经知道的这一种性质告诉我，那么我就也知道了。用这种方法可以同时知道事物的多种不同性质。同时指认事物的各种不同性质，也就可以同时把握它们。你如果故意跟我为难，说："你必须仅仅指认我所已经列举的性质，而不许指认我还没有列举的性质。"那么事物的各种不同性质自然不能同时被认识。我想让你指认的性质，你偏偏不指认、不传播，那么意识、判断就不能彰显明白。况且在一种情况下，你说你知道这一点（用手摸石头，你说你知道坚），在另一种情况下，你又说你不知道这一点（用目看石头，你说你不知道坚），那么这就是说，你既知道这一点，又不知道这一点。你知道这一点就是不知道这一点。这样你就陷入自相矛盾。既然你已经否认了确定的知识，你还怎么能够说"一个事物有多种不同的性质，我们对其性质有知道的，有不知道的"？

〔经 140〕所知而弗能指，说在春也、逃臣、狗犬、遗者。〔经说〕所。春也，其死固不可指也。逃臣，不知其处。狗犬，不知其名也。遗者，巧弗能两也。

译文：〔经 140〕有些我们所知道的，而不能用手指指着说，如死去的女奴春、逃亡的臣仆、狗犬这两个语词的定义、遗失不见的宝物。〔经说〕春这个女奴已经死了，本来不能用手指指着说。同样，逃亡的臣仆不知道他在哪里；狗犬这两个语词不知道其定义；遗失的宝物，再巧的工匠也不能造出两个完全一样的来：这些都不能用手指指着说。

〔经 141〕知狗而自谓不知犬，过也，说在重。〔经说〕知。知狗重知犬则过，不重则不过。

译文：〔经141〕从一定意义上说，知道狗而自己说不知道犬，是错误的，论证的理由在于，狗和犬是重名。〔经说〕如果在知狗与知犬相重合的意义上，说"知狗而不知犬"是错误的。如果在知狗与知犬不相重合的意义上，说"知狗而不知犬"就不算是错误。

〔经142〕通意后对，说在不知其孰谓也。〔经说〕通。问者曰："子知羁乎？"应之曰："羁何谓也？"彼曰："羁旅。"则知之。若不问："羁何谓？"径应以："弗知。"则过。且应必应问之时而应焉，应有深浅、大小，当在其人焉。

译文：〔经142〕应该弄通对方意思再回答，论证的理由在于，不如此就不知道对方究竟是在说什么。〔经说〕问的人说："您知道'羁'吗？"回答的人说："您说的'羁'指的是什么意思？"对方说："'羁'就是'羁旅'的意思。"那就知道了。如果开始的时候不问："您说的'羁'指的是什么意思？"而匆忙回答说："不知道。"那就不对了。而且回答必须考虑对方所问的时机，回答的深浅和范围要适合对象的需要。

〔经143〕所存与存者，恶存与孰存，四焉，说在异。〔经说〕所。室堂，所存也。其子，存者也。据存者而问室堂，恶存也？主室堂而问存者，孰存也？是一主存者以问所存，一主所存以问存者。

译文：〔经143〕存在的处所与存在的主体，询问存在的处所与询问存在的主体，这是四件事情，论证的理由在于，它们都有所不同。〔经说〕屋室厅堂，是存在的处所。某人的儿子，是存在的主体。从存在的主体出发，而问屋室厅堂，是说："哪里是存在的处所？"从屋室厅堂出发，而问存在的主体，是说："谁是存在的主体？"这里，一个是从存在的主体出发，而问存在的处所；一个是从存在的处所出发，而问存在的主体。

〔经144〕五行无常胜，说在多。〔经说〕五。金木土水火杂。燃火铄金，火多也。金靡炭，金多也。金之腐水，火丽木。若识麋与鱼之数惟所利。

译文：〔经144〕金木水火土五种元素，并没有一种固定的、经常的胜克顺序，论证的理由在于，哪种元素占了优势，哪种元素就能胜过其他元素。〔经说〕金木土水火五种元素混杂，构成万物。火的燃烧，能够熔化金属，这是由于火占优势的缘故。金属能够压灭炭火，这是由于金属占优势的缘故。以金属器皿盛水，能够使水腐臭。火能够把木头燃烧成灰烬，却又要依赖于木头才能够存在。这就像要知道某处麋鹿盛，某处鱼虾多，要看某处的环境对它们是否有利。

〔经 145〕无欲恶之为益损也，说在宜。〔经说〕无。
"欲恶伤生损寿。"说以少连。是惟爱也，尝多粟。或者欲
有不能伤也，若酒之于人也。且知利人，爱人也，则惟恐
弗治也。

译文：〔经 145〕并非"所有的欲恶都是有益的"或
者"所有的欲恶都是有损的"，论证的理由在于，欲恶的
满足要适宜。〔经说〕"欲恶会伤害身体，减损寿命。"这是
少连首倡的学说。这里有一个人，仅仅因为爱吃，就吃过多
粟米，而损伤身体，因而并非"所有的欲恶都是有益的"。
有些欲望的满足，不会伤生损寿，如少量喝酒不会对人体有
害。因而并非"所有的欲恶都是有损的"。并且做对大众有
利的事，是爱人的表现，惟恐做不到，这种欲望是有益的。

〔经 146〕损而不害，说在余。〔经说〕损。饱者去
余，适足不害，能害饱。若伤麋之痿脾也。且有损而后益
者，若疟病之于疟也。

译文：〔经 146〕有时损失一部分，而不会有伤害，
论证的理由在于，被损失的部分本来就是多余的。〔经说〕
吃得过饱的人，去掉多余的部分，恰恰不会有害处，只能
有害于过饱这一点。如吃过多麋鹿肉会伤害身体，使脾脏

生病。并且有时有所损，然后才能得益，犹如患疟疾病的人，将其疟疾除去是有益的。

〔经147〕知而不以五路，说在久。〔经说〕知。"以目见"而目见，"以火见"而火不见。惟"以五路知久"，不当"以目见"，若"以火见"。

译文：〔经147〕有些知识，不是仅靠五种感官就能获得，论证的理由在于分析对"时间"这一抽象概念的知识。〔经说〕说"用眼睛看见东西"，指眼睛是见物的器官。说"用光线看见东西"，指光线是见物的条件。光线本身不能看见东西。说"以五种感官认识'时间'抽象概念"的"以"字，不相当于"以目见"的"以"字（五种感官不是认识"时间"抽象概念的器官，认识"时间"抽象概念的器官是心智），而相当于"以火见"的"以"字（五种感官是认识"时间"抽象概念的条件）。

〔经148〕"火热"，说在视。〔经说〕火。谓"火热"也，非以火之热我有，若视日。

译文：〔经148〕火是热的，论证的理由在于分析"视日"的事实。〔经说〕说"火是热的"，不是指火热是我的感觉。如看太阳，热从太阳发出，不是我本身所具有。

〔经149〕知其所不知，说在以名、取。〔经说〕知。

杂所知与所不知而问之，则必曰："是所知也，是所不知也。"取、去俱能之，是两知之也。

译文：〔经149〕认识自己原来所不认识的东西，有两种方式，一种是概念，另一种是应用概念在实践中选取的为概念所反映的事物。〔经说〕把对方所知道的东西与所不知道的东西混杂在一起来问他，他一定说："这个是我所知道的东西，这个是我所不知道的东西。"像这样选取和舍去都能做到，就算是具有两方面的知识。

〔经150〕无不必待有，说在所谓。〔经说〕无。若"无马"，则有之而后无。"无天陷"，则无之而无。

译文：〔经150〕"无"不以"有"为必要条件，论证的理由在于所说之"无"的种类。〔经说〕例如说"现在无马"，指先有而后变为无。说"无天塌之事"，指从来都是无。

〔经151〕擢虑不疑，说在有无。〔经说〕擢。疑无谓也。臧也今死，而春也得之，之死也可。

译文：〔经151〕从一件事情中抽取思虑一种必然性，可以不用怀疑，论证的理由在于究竟有没有这种必然性。〔经说〕怀疑没有意义。臧得不治之症死，春得不治之症必死。

〔经152〕且然不可止，而不害用功，说在宜。〔经说〕且。宜犹是也。且然必然，且已必已。且用功而后然者，必用功而后然。且用功而后已者，必用功而后已。

译文：〔经152〕事物将要怎样而不可阻挡，在这种情况下，人力仍然应当有所作为，论证的理由在于这种作为要适度。〔经说〕适度就是合乎标准。事物将要发生而必然发生，事物将要结束而必然结束。这时人力仍然应当有所作为。事物将要在运用人力作用而后发生，就必须运用人力作用而使之发生。事物将要在运用人力作用而后结束，就必须运用人力作用而使之结束。

〔经153〕"发之绝否"，说在所均。〔经说〕发。发均，悬轻重。而发绝，不均也。均，其绝也莫绝。

译文：〔经153〕对于"悬挂以重物的头发丝是否断绝"的问题，说明的理由在于其结构是否均匀。〔经说〕头发丝结构均匀，就可以悬挂或轻或重之物。而头发丝断绝了，那是由于其结构不均匀。如果其结构均匀，那么就不会断绝。

〔经154〕"尧之义也"，声于今而处于古，而异时，说在所义二。〔经说〕尧。或以名示人，或以实示人。举："友，富商也。"是以名示人也。指是鹤也，是以实示人也。"尧之义也"，是声也于今，所义之实处于古。

译文：〔经154〕说"尧是仁义的"，这是今天所说的话，而这句话所指的实际是处于古代，古代和现代是不同的时代，论证的理由在于"尧是仁义的"这个命题涉及语言和实际两个方面。〔经说〕我们让人了解一个事物，有两种方法，一种是说出名词语句让人了解，另一种是把实际事物展示给别人，让人了解。说："我的朋友是富商。"这是说出名词语句让人了解。指着眼前这个动物说："这是鹤。"这是把实际事物展示给别人，让人了解。说"尧是仁义的"，这个语句是今天说的，而"尧是仁义的"这句话所指的实际是处于古代。

〔经155〕狗，犬也。而"杀狗非杀犬也"不可，说在重。〔经说〕狗。狗，犬也。杀狗，谓之杀犬，可。若蛹、魄。

译文：〔经155〕狗是犬。而说"杀狗不是杀犬"不对，论证的理由在于狗和犬是"二名一实"的"重同"。〔经说〕狗是犬。杀狗，说是杀犬，是成立的。这就像蛹、魄二名都是指茧虫一实。

〔经156〕使：殷；美。说在使。〔经说〕使。使，令也。戍使戍，不殷，亦使戍。殿使殿，不美，亦使殿。

译文：〔经 156〕指使人做事，有殷勤和美善的不同，论证的理由在于被指使的事情是必须要有人来做的。〔经说〕指使就是命令人做某事。某人应该戍守，则指令他戍守。即使他对戍守的事情做得不殷勤，也要指使他戍守。某人应该殿后，则指令他殿后。即使他对殿后的事情做得不美善，也要指使他殿后。

〔经 157〕荆之大，其沈浅也，说在有。〔经说〕荆。沈，荆之有也。则沈浅非荆浅也。若易五之一。

译文：〔经 157〕楚国是大的，其沈县是偏小的，论证的理由在于沈县为楚国所领有。〔经说〕沈县为楚国所领有。则沈县小并非楚国小。如果把沈县与楚国混淆起来，那就像用五份东西偷换一份东西。

〔经 158〕以楹为抟，于"以为"无知也。说在意。〔经说〕以。楹之抟也，见之，其于意也不易，先知。意，相也。若楹轻于秋，其于意也洋然。

译文：〔经 158〕单纯地"以为"楹柱是圆柱形的，这种"以为"还不算是知识，论证的理由在于这只是一种臆测。〔经说〕如果对于楹是圆柱形的，亲眼看到，这种"意"（意识，判断）不会轻易改变，是先前已经知道。臆测就是想象。如想象楹柱比秋蒿还轻，这种臆测茫然无据。

〔经159〕意未可知，说在可用、过仵。〔经说〕意。段、锤、锥俱事于屦，可用也。或会屦过锤，与或锤过会屦同，过仵也。

译文：〔经159〕做一件事情，如果有多种方法与途径，则对方操作时，究竟先做什么后做什么的意图很难预知，论证的理由在于有很多种工具可用，工艺流程可以先后交错。〔经说〕段石、锤子、锥子都可以用来做鞋子，这叫作"有很多种工具可用"。或者是先上鞋、后锤平，或者是先锤平、后上鞋，这叫作"工艺流程可以先后交错"。

〔经160〕"一少于二而多于五"，说在建、住。〔经说〕一。五有一焉，一有五焉。十，二焉。

译文：〔经160〕一少于二却多于五，论证的理由在于建立元素（或集合）与在集合里住进元素（或集合）是不同的。〔经说〕建立一个"五"的集合，其中"一"的元素有五个。十个元素可以被分为两个"五"的集合。

〔经161〕非半弗斫则不动，说在端。〔经说〕非。斫半，进前取也，前则中无为半，犹端也。前后取则端中也。斫必半，无与非半，不可斫也。

译文：〔经161〕对于给定的有一定长度的木棍，做连续取半的操作，到了不能再取半时，就不能用刀砍了，这时就会出现不动的端点，论证的理由在于对于"端"的定义。〔经说〕做取半的操作时，如果从这一头往那一头进行，最后那一头会出现无法再取半的情况，这时就碰到"端"。如果从两头往中间取半，那么"端"就在中间。规定必须做取半的操作，到了不能再做取半的操作，无法再砍。

〔经162〕可无也，有之而不可去，说在尝然。〔经说〕可无也。已然则尝然，不可无也。

译文：〔经162〕一件事情，可以是从来没有，但是一旦有了，就不能将它抹杀，论证的理由在于它曾经如此。〔经说〕一件事情已经如此，那就是曾经如此，不能说它从来就没有如此。

〔经163〕正而不可倚，说在抟。〔经说〕正。丸无所处而不中悬，抟也。

译文：〔经163〕垂直的东西不会偏斜，论证的理由在于分析圆球形的物体。〔经说〕圆球形物体的重心方向，随处都与自上而下悬挂垂线的标准相符合。

〔经 164〕宇进无近远，说在步。〔经说〕宇。区不可遍举宇也。进行者先步近，后步远。

译文：〔经 164〕因为宇宙是无穷大的，所以在宇宙中的迁徙运动，无所谓绝对的远近，它只有相对的远近，论证的事例在于分析人的走路。〔经说〕一个具体有限的区域不可能"遍举"（穷举）无限大的宇宙。但是就一个走路的人来说，他必须先走近，后走远。

〔经 165〕行修以久，说在先后。〔经说〕行。行者必先近而后远。远近修也，先后久也。民行修必以久也。久：有穷、无穷。

译文：〔经 165〕走一定长度的路程，需要占有一定长度的时间，论证的理由在于人走一定长度的路程有先后的区别。〔经说〕走路的人必然要先走近，而后走远。远近构成空间的长度，先后构成时间的久暂。民众走一定长度的路程，必然要占有一定长度的时间。时间分为有穷与无穷两种形式。

〔经 166〕一法者之相与也尽类，若方之相合也，说在方。〔经说〕一。方尽类，俱有法而异，或木或石，不害其方之相合也。尽类犹方也，物俱然。

译文：〔经 166〕与一个共同标准相合的东西，都属于一类，这就像与标准的方形相合的东西都是属于方形一样，论证的事例在于分析方形的相同和不同。〔经说〕所有方形的东西都属于一类，它们都合乎方形的法则，而又有所不同，或者是木质的方，或者是石质的方，都不妨害其方形边角的相合。一切同类的事物都与方形的道理一样，所有的事物都是如此。

〔经167〕狂举不可以知异，说在有不可。〔经说〕狂。牛与马虽异，以"牛有齿，马有尾"，说"牛之非马也"不可。是俱有，不偏有、偏无有。曰"牛与马不类"，用"牛有角，马无角"，是类不同也。若不举"牛有角，马无角"，以是为类之不同也，是狂举也，犹"牛有齿，马有尾"。

译文：〔经167〕胡乱列举一些性质，不能用以说明事物的区别，论证的理由在于这些性质不能把事物区别开来。〔经说〕牛与马虽然不同，但是用"牛有齿，马有尾"做根据来说"牛与马是不同类的"，是不能成立的。因为齿和尾是牛与马都有的，不是一个有，一个没有。说"牛与马是不同类的"，用"牛有角，马无角"来作为根据，可以区分出它们类别的不同。如果不举类似"牛有角，马无角"这样的性质，以此为根据来论证它们类别的不同，那么这就算是"狂举"（胡乱列举），犹如列举"牛有齿，马有尾"。

〔经168〕"'牛马之非牛'与'可之'同"（这是《经说》所叙述的关于"牛马非牛"的辩论中，难者用归谬法反驳墨者论题开头一句话的略语，用以指代整个辩论），说在"兼"。〔经说〕牛。"或不非牛、或非牛而'非牛也'可，则或非牛、或牛而'牛也'可。故曰：'牛马非牛也'未可，'牛马牛也'未可。"（以上难者语）则或可或不可。而曰"'牛马非牛也'未可，'牛马牛也'未可"亦不可。且"牛"不二，"马"不二，而"牛马"二。则"牛不非牛"，"马不非马"，而"牛马非牛""（牛马）非马"无难。

译文：〔经168〕解决"'牛马非牛'与'牛马牛也'的真值情况相同"（这一句是难者的话）这一辩论的问题，论证的理由在于，"牛马"是一个兼名。〔经说〕如果根据牛马中一部分是牛，一部分不是牛，而说"牛马非牛"是成立的话，那么也可以根据牛马中一部分不是牛，一部分是牛，而说"牛马牛也"是成立的。所以说"牛马非牛"是不成立的，"牛马牛也"也是不成立的。（以上难者语）"牛马非牛"与"牛马牛也"这两个命题，必然是一个成立，一个不成立。即"牛马非牛"成立，"牛马牛也"不成立。所以对方说"'牛马非牛'不成立，'牛马牛也'

附：《墨经》读本

也不成立"，是不成立的。况且"牛"不包含两个元素，
"马"不包含两个元素，而"牛马"包含两个元素，则论
证"牛是牛""马是马""牛马非牛""牛马非马"的命题，
就没有什么困难了。

〔经169〕彼彼此此与彼此同，说在异。〔经说〕彼。
正名者：彼彼此此可：彼彼止于彼，此此止于此。彼此不
可：彼且此也。彼此亦可：彼此止于彼此。若是而彼此
也，则彼亦且此此也。

译文：〔经169〕"彼""此"的非集合概念，与"彼
此"的集合概念这两种情况，在都要遵守同一律这一点上，
是相同的，论证的理由在于这两种情况还有所不同。〔经
说〕在研究把概念搞正确的规律时，应注意以下三种情况。
第一，"彼彼此此可"：那个"彼"之名，要确定地指称
"彼"之实。这个"此"之名，要确定地指称"此"之实。
第二，"彼此不可"："彼此"的集合概念，不能仅单独地
指称"彼"之实或"此"之实。第三，"彼此亦可"："彼
此"的集合概念，要确定地指称"彼此"的集合体。如
果"是"与"彼此"的不同概念可以混同，那么"彼"与
"此此"的不同概念也可以混同，这当然是不对的。

〔经170〕唱和同患，说在功。〔经说〕唱。"唱无过：

无所用，若稗。和无过：使也，不得已。"（以上引辩者语）唱而不和，是不学也。智少而不学，功必寡。和而不唱，是不教也。智多而不教，功适息。使人夺人衣，罪或轻或重；使人予人酒，功或厚或薄。

译文：〔经170〕犯罪过程中的指使者和被指使者都同样有罪过，论证的理由在于他们双方的行为都有实际功效。〔经说〕"主犯作为指使者是没有过错的：因为他们的行为仅仅限于指使别人，而自己却没有亲自实施犯罪，犹如稻田中的稗草没有实际效用一样。从犯也是没有过错的：因为他们的行为仅仅是被指使，是被迫不得已的。"（以上引辩者语）教师唱，而学生不和，是学生的学习积极性不高。学生智能少，而不积极学习，教育的功效必然寡少。学生和，而教师不唱，是教师教育的积极性不高。教师智慧多，而不积极教育，教育的功效等于零。在教育活动中，教师与学生双方的作用虽有多有少，但并不是都没有作用。指使人去抢夺别人的衣服，指使者和被指使者的罪过，虽有轻有重，但不能说都没有罪过。指使人去把酒送给别人，指使者和被指使者的功劳虽有厚有薄，但也并不是都没有功劳。所以对方关于主犯和从犯都没有过错的论证，是错误的。

〔经171〕闻所不知若所知，则两知之，说在告。〔经说〕闻。在外者，所知也。在室者，所不知也。或曰："在室者之色若是其色。"是所不知若所知也。犹白若黑也，孰胜？是若其色也，若白者必白。今也知其色之若白也，故知其白也。夫名以所明正所不知，不以所不知疑所明。若以尺度所不知长。外，亲知也。室中，说知也。

译文：〔经171〕听到别人说自己所不知道的东西与所知道的东西一样，则不知和知两方面就都知道了，论证的理由在于这是以别人告诉的知识作为中间环节而推论出来的知识。〔经说〕在室外的东西是自己所知道的，在室内的东西是自己所不知道的，有人告诉说："在室内的东西的颜色与在室外的东西的颜色是一样的。"这就是所不知道的东西与所知道的东西一样。"若"（像）字的意思就是一样，假如一个思想混乱的人说："白若黑。"那究竟是"像白"，还是"像黑"呢？所谓"这个颜色像那个颜色"，如果像白，那就必然是白。现在知道它的颜色像白，所以就推论出来一定白。所谓概念和推论，是以已经明白的知识为标准，衡量还不知道的东西，而不能以还不知道的东西为根据，怀疑已经明白的东西。这就像用尺子（已知其长度为1尺）量度还不知道的东西的长度。在上例中，室外的东西是亲知，室内的东西是推论出来的知识。

〔经 172〕以言为尽悖，悖，说在其言。〔经说〕以。悖，不可也。之人之言可，是不悖，则是有可也。之人之言不可，以当必不当。

译文：〔经 172〕认为"所有的言论都是虚假的"，是自相矛盾的，论证的理由在于分析"所有的言论都是虚假的"这句话本身。〔经说〕所谓虚假，就是不正确。这个人的这句话如果正确，这就是有并不虚假的言论，则是有正确的言论。这个人的这句话如果不正确，那么认为它恰当，就必然不恰当。

〔经 173〕"惟吾谓"非〔私〕名也则不可，说在反。〔经说〕惟。谓"是鹤"可，而犹之"非夫鹤"也。谓："彼是，是也。"不可。谓者毋惟乎其谓。彼犹惟乎其谓，则吾谓不行。彼若不惟其谓，则行也。

译文：〔经 173〕"只承认我所说的名，指称我所说的实，才是正确的"这种论点，如果不是专指"私名"，就不能成立，论证的理由在于对名称的单一性和普遍性，应该从两方面观察。〔经说〕说"这个鹤"是可以的，这就像说"不是那个鹤"一样。说："'彼此'是'此'。"这是不可以的。但是，说话的人，也不能只承认他所说的名，仅在指称他所说的实时才是正确的。他要是只承认他所说的名，仅在指称他所说的实时才是正确的，那么我所说的名就行不通。他如果不坚持只承认他所说的名，仅在指称他所说的实时才是正确的，那么我所说的名就行得通了。

〔经174〕无穷不害兼，说在盈否。〔经说〕无。"南者有穷则可尽，无穷则不可尽。有穷、无穷未可知，则可尽、不可尽未可知。人之盈之否未可知，而必人之可尽、不可尽亦未可知，而必人之可尽爱也，悖。"（以上引难者语）人若不盈无穷，则人有穷也，尽有穷无难。盈无穷，则无穷尽也，尽无穷无难。

译文：〔经174〕空间和人数的无穷都不妨害兼爱，论证的理由在于人是否充盈于空间。〔经说〕"南方如果是有穷的，那么就可以穷尽；南方如果是无穷的，那么就不可以穷尽。现在连南方是有穷的还是无穷的都还不知道，则南方是可以穷尽的，还是不可以穷尽的，也就不知道。人是否充盈于南方不知道，而必然地说人是可以尽数，还是不可以尽数，也不知道。在这种情况下，就必然地断言人是可以'尽爱'（兼爱）的，是自相矛盾的。"（以上引难者语）如果人不充盈于无穷的南方，则人是有穷的。尽爱有穷的人没有困难。如果人充盈于无穷的南方，则"无穷的南方"被用一句话说尽了，那么我再用一句话说："尽爱无穷南方的无穷的人。"也应该是没有困难的。

〔经175〕不知其数而知其尽也，说在问者。〔经说〕不。"不知其数，恶知爱民之尽之也？"（以上引难者语）或者遗乎其问也。尽问人，则尽爱其所问。若不知其数而知爱之尽之也，无难。

译文：〔经175〕不知道人的数量，也可以知道能够尽爱（兼爱）所有的人，论证的关键在于分析对方的问题本身。〔经说〕"不知道人的数量，怎么知道可以尽爱所有的人呢？"（以上引难者语）对方可能是忘记了自己问题的本身。如果对方能够尽问所有的人，那么我就可以尽爱对方所问的每一个人。所以，如果不知道人的数量，也可以知道能够尽爱（兼爱）所有的人，这并没有什么困难。

〔经176〕不知其所处不害爱之，说在丧子者。

译文：〔经176〕不知道人的处所，不妨害爱他，论证的理由在于分析丢失了儿子的人。如果一个人丢失了儿子，目前还不知道儿子的处所，这并不妨害对儿子持有爱怜的感情。

〔经177〕仁义之为内外也，悖，说在仵颜。〔经说〕仁。仁，爱也。义，利也。爱利，此也。所爱所利，彼也。爱利不相为内外，所爱利亦不相为外内。其谓："仁，内也。义，外也。"举爱与所利也，是狂举也，若"左目

附：《墨经》读本

出，右目入"。

译文：〔经177〕把仁说成是内在的东西，而把义说成是外在的东西，这是矛盾、混乱的，论证的理由在于这相当于把人的面部器官的作用搞乱。〔经说〕仁的实质是爱人，义的实质是利人。爱人之心和利人之心是主观的东西。所爱的对象和所利的对象是客观的东西。爱人之心和利人之心不能分为内在的东西与外在的东西。所爱的对象和所利的对象也不能分为外在的东西与内在的东西。对方说："仁是内在的东西，义是外在的东西。"这是将爱的主观方面和利的客观方面相提并论，是狂举（乱举），这就像说"左眼是管输出形象的，右眼是管输入形象的"一样荒谬。

〔经178〕学之益也，说在诽者。〔经说〕学。以为不知学之无益也，故告之也，是使知学之无益也，是教也。以学为无益也教，悖。

译文：〔经178〕学习是有益处的，论证这一命题的理由在于反对这一命题的人必然陷于自相矛盾。〔经说〕对方以为别人不知道"学习是没有益处的"这一命题，所以就把这一命题告诉别人，这就是使别人知道"学习是没有益处的"这一命题，这也就是教别人。用"学习是没有益处的"这一命题来教别人，这本身就是自相矛盾的。

〔经179〕诽之可否，不以众寡，说在可非。〔经说〕诽。论诽之可不可以理。理之可诽，虽多诽，其诽是也。其理不可诽，虽少诽，非也。今也谓多诽者不可，是犹以长论短。

译文：〔经179〕讨论批评的正确与否，不是以批评的多少为标准，论证的理由在于被批评者是否确有可批评之处。〔经说〕讨论批评的正确与否，是以是否合乎道理为标准。从道理上说是可以批评的，虽然多批评了一点，其批评还是正确的。从道理上说是不能够批评的，虽然少批评了一点，其批评还是不正确的。现在说多批评就不正确，这就像说"凡长的都不好，凡短的就好"一样荒谬。

〔经180〕"非诽"者悖，说在弗非。〔经说〕非。"非诽"：非己之诽也。不"非诽"，非可非也；（非）不可非也，是不"非诽"也。

译文：〔经180〕提出"反对一切批评"这一论点的人，必然陷于自相矛盾，论证的理由在于批评是不应该反对的。〔经说〕对方说："反对一切批评。"这实际上把对方自己"反对一切批评"这一特定的批评，也反对了。如果对方放弃"反对一切批评"这一论点，那么有错误就可以批评。如果有错误不能够批评，这本身也导致对"反对一切批评"这一论点的否定。

附：《墨经》读本

〔经181〕物"甚""不甚"，说在若是。〔经说〕物。"甚长""甚短"：莫长于是、莫短于是。是之"甚"也、"非甚"也者：莫甚于是、有甚于是。

译文：〔经181〕在一定论域中，说某物"甚如何""不甚如何"，是在其他事物与这个事物相比较的意义上来说的。〔经说〕如在一定论域中说"此物甚长"，指在这个论域中没有比此物更长的了。说"此物甚短"，指在这个论域中没有比此物更短的了。一般说"此物甚如何"，指"没有比此物更如何的"，说"此物不甚如何"，指"有比此物更如何的"。

〔经182〕"取下以求上也"，说在泽。〔经说〕取。高下以善、不善为度，不若山泽。"处下善于处上"：下所谓上也。

译文：〔经182〕有人说："用采取居下位的手段，来求取居上位的目的。"论证的理由在于以水泽比方。〔经说〕在社会生活中上下以善、不善为标准来度量，不像山泽以空间高低为标准来度量。说"处下位善于处上位"，是把某种意义上的下说成上。

〔经183〕是是〔之"是"〕与是〔不是之"是"〕同，说在不殊。〔经说〕是。是不是，则是且是焉。今是久于是，而不于是，故是不久。是不久，则是而亦久焉。今是不久于是，而久于是，故是久与是不久同说也。

译文：〔经 183〕现在有如下两种情况：第一种情况是，现在是"是"，将来还是"是"；第二种情况是，现在是"是"，将来变成"不是"。在这两种情况下，现在都是"是"这一点，是相同的，论证的理由在于在这两种情况下，现在都是"是"这一点，没有什么差别。〔经说〕现在是"是"，将来变成"不是"，但就现在来说，这个"是"仍然是"是"。现在这个"是"，维持其为"是"，已经很久了，于是不再是"是"，而变成"不是"，所以现在这个"是"，又有其"不久"的一面。现在这个"是"，虽然有其"不久"的一面，但就现在来说，这个"是"，仍有其相对长久的一面。现在这个"是"，不能长久地维持其为"是"，但是又在一定限度内，长久地维持了这个"是"。所以说：现在这个"是"是长久的；又说：现在这个"是"不是长久的。这两种相反的说法，同样可以成立。

三、《大取》（选录）

以臧为其亲也而爱之，爱其亲也。以臧为其亲也而利之，非利其亲也。以乐为利其子而为其子欲之，爱其子也。以乐为利其子而为其子求之，非利其子也。

译文：把臧误认为自己的父亲而爱他，是爱父亲的表现。把臧误认为自己的父亲而利他，并不是真正有利于父亲。（一是一非）以为音乐对儿子有利，而为儿子想一想音乐，是爱儿子的表现。以为音乐对儿子有利，而为儿子千方百计地寻求使其沉溺于音乐的条件，并不是真正有利于儿子。（一是一非，墨家坚持"非乐"的论点）

于所体之中，而权轻重，之谓权。权非为是也，亦非为非也，权，正也。断指以存腕。利之中取大，害之中取小也。害之中取小也，非取害也，取利也。其所取者，人之所执也。遇盗人，而断指以免身，利也。其遇盗人，害也。断指与断腕，利于天下相若，无择也。死生利若一，无择也。杀一人以存天下，非"杀人"以利天下也。杀己以存天下，是杀己以利天下。于事为之中，而权轻重，之谓求，求为之，非为之也。求"为义"，非为义也。利之中取大，非不得已也。害之中取小，不得已也。于所未有而取焉，是利之中取大也。于所既有而弃焉，是害之中取小也。

译文：在所亲身经历的事情中权衡利害的轻重大小叫作"权"（权衡）。"权"不等于"是"，也不等于"非"，"权"是提供一个衡量利害大小即是非的标准。在不得已的情况下，宁肯断掉一个指头，也要争取保存手腕。在利中是取大的，在害中是取小的。所谓"害中取小"，在一定意义上可以说不是"取害"，而是"取利"。这里所谓"取"，是指人所执持采取。遇到强盗，被迫断掉一个指头以保住生命，就保住生命这一点来说是利，就遇到强盗被迫断掉一个指头来说是害。断掉一个指头与断掉手腕，如果对天下所带来的利益是相等的，那么在精神状态上就无所选择，不予计较。甚至于死生，如果对天下所带来的利益是相等的，那么在精神状态上也无所选择，不予计较。杀一个危害天下的坏人以保存天下，不等于"犯杀人罪"以有利于天下；在必要的时候，牺牲自己的生命以保存天下，却可以叫作"牺牲自己的生命以有利于天下"。（一非一是，墨家的侠义精神）在事情和行为中，权衡与求取利害的轻重大小叫作"求"。做某件事情，仅仅是为了博得做这件事情的美好名声，不等于毫无私心地、堂堂正正地做某件事情：例如仅仅是为了博得做义事的名声，不等于毫无私心地为了实现义的理想而做事。在利中取大的，不是被迫不得已的，而是自己主动从容去争取的。在害中取小的，是迫不得已的。在利中取大的，是在尚未存在的事情中，去争取实现某一种。在害中取小的，是于已经存在的事情中，被迫舍弃某一种。

为天下厚禹，为禹也。为天下厚爱禹，乃为禹之爱人也。厚禹之为加于天下，而厚禹不加于天下，若恶盗之为加于天下，而恶盗不加于天下。爱人不外己，己在所爱之中。己在所爱，爱加于己。伦列之：〔己，人也；〕爱己，爱人也。

译文： 为了天下人的利益而厚待禹，这是把厚待的行为施加给禹。为了天下人的利益而厚待禹，那是因为禹是爱人的。厚待禹的行为能够间接地加利于天下，但是对禹的厚待并不等于对天下其他人的厚待，这就像厌恶强盗的行为能够间接地加利于天下，但是对强盗的厌恶并不等于对天下其他人的厌恶。（一是一非）爱人不排除爱自己，自己也在所爱之中。自己也在所爱之中，爱就也施加于自己。可以排列出以下论式：自己是人，爱自己是爱人。（是而然）

圣人恶疾病，不恶危难。正体不动，欲人之利也，且恶人之害也。圣人不为其室藏之，故善于藏。圣人不得为子之事。圣人之法死忘亲，为天下也。厚亲分也，以死忘之，体急兴利。有厚薄，而毋伦列之："兴利：为己。"

译文： 圣人厌恶疾病，却不逃避危险艰难。端正身体，坚定意志，希望人们得到利益，并且不希望人们受到祸害。圣人不为自己的家室聚敛财富，所以善于藏富于民。圣人不应该为自己的子女谋取私利。圣人的法则是亲死而忘之，这是为了天下的人谋利益。厚待父母应是本分，但既然死了则应忘之，以便全身心急切地投入为天下兴利的事业。如果坚持爱有厚薄，而不从这种等级差别的论点转变到为天下兴利，那实际上还是一切从自己出发。

　　义，利。不义，害。友有于秦马，友有于马也，知来者之马也。凡学爱人：爱众世与爱寡世相若，兼爱之又相若。爱上世与爱后世，一若今之世人也。"圣人有爱而无利"，儒者之言也，乃客之言也。天下无人，子墨子之言也犹在。

　　译文：实行仁义就是给人以利益，做不义之事就是害。至少有一匹秦马为我的朋友所有，就是至少有一匹马为我的朋友所有，不管他牵来的是什么马，我都可以断言他牵来的是马。凡学习兼爱学说的人一定要知道：对于人口多的世代的人们的爱，与对于人口少的世代的人们的爱是相等的，兼爱他们是相等的。爱过去世代的人们与爱未来世代的人们，和爱当今世代的人们也都是一样的。说"圣人只给予爱而不考虑利益"，把爱利截然两分，这是儒者的言论，是论敌的言论。假定在将来的某一天，天下果真没有人了，我们老师墨子的言论还会作为真理而永远存在着。

小圆之圆与大圆之圆同。不至尺之"不至"也，与不至钟之"不至"异。其"不至"同者，远近之谓也。

译文：小圆的圆与大圆的圆都同样是圆。不够一尺与不够一钟（容量单位）不同，因为一关远近，一关容量。但是不够一尺与不够一丈有相同一面，因为都是关于远近的。

［璜，玉也；］是璜也，是玉也。［楹，木也；］意楹，非意木也，意是楹之木也。［指之人，人也；］意指之人也，非意人也。［获，非禽也；］意获也，乃意禽也。

译文：璜是玉；这个璜是这个玉。（是而然）柱子是木头做的；想要柱子不等于想要木头，想要的是作为柱子的木头。以某个指头为代表的人是人；想以某个指头为代表的人，不等于想任意一个人。（是而不然）获取猎物不等于获取禽，想获取猎物却包含着想获取禽。（不是而然）

志功为辩。志功不可以相从也。利人也，为其人也；"富人"，非为其人也。有为也以富人，富人也。知是世之有盗也，尽爱是世。知是室之有盗也，不尽恶是室也。知其一人之盗也，不尽恶是二人。虽其一人之盗，苟不知其所在，尽恶其非也。

译文：动机与效果应该加以分辨。动机与效果不一定恰相一致（并非有什么动机紧跟着就有什么效果）。利人就是为人考虑。单纯地从口头上称誉人的"富有"，不等于为人考虑。采取实际措施以使人富有，才是真正的富人之举。（一是一非）知道这个世界上有强盗，还是要尽力提倡"兼爱这个世界上所有的人"这一最高理想和目标。但是知道这个房间里有强盗，却不能提倡厌恶这个房间里所有的人。假定这个房间里有两个人，又确知其中有一人是强盗，也不能同时厌恶这两个人，虽然确知其中有一人是强盗，但不知道强盗究竟是这两人中的哪一个，同时厌恶这两个人也是不对的。

名，实名。实不必名。苟是石也白，败是石也，尽与白同。是石也虽大，不与大同：是有使谓焉也。诸非以举量数命者，败之尽是也。以形貌命者，必知是之某也，焉知某也。不可以形貌命者，虽不知是之某也，知某可也。诸以居运命者，苟人于其中者皆是也，去之因非也。诸以居运命者，若乡里齐荆者皆是。诸以形貌命者，若山丘室庙者皆是也。

译文：语词概念是实际事物的语词概念；有实际事物，却不必然有语词概念。假如这一块石头是纯白的，把这块石头打碎，每一小块也都还是纯白的。但这块石头虽然是大的，把它打碎了以后，每一小块却不一定都是大的，这是因为有使之称为"大"的另一参照物以供比较的缘故。许多不是以列举数量来命名的语词概念，都可以用这种打碎的办法来处理。（按：对非生物的属性，如石头的坚、白，才可以用打碎的办法来处理）以事物的形体状貌来命名的语词概念（实体概念，具体概念），一定要知道这个事物是什么，才能了解它。不能够以事物的形体状貌来命名的语词概念（属性概念，抽象概念），虽然不知道这个事物是什么，也能了解它。各种以人在其中居住和运动的空间来命名的语词概念，假如人还在其中活动，那么就都是那一概念。假如人已经离去，那么就因而都不是那一概念了。各种以人在其中居住和运动的空间来命名的语词概念，例如乡里齐荆（楚）等都是。各种以事物的形体状貌来命名的语词概念（实体概念，具体概念），例如山丘室庙等都是。

知与意异。重同，俱同，连同，同类之同，同名之同，丘同，附同，是之同，然之同，同根之同。有非之异，有不然之异。有其异也，为其同也。为其同也异。一曰"乃是而然"，二曰"乃是而不然"，三曰"迁"，四曰"强"。

译文：知识（智能）与意想（猜测）不同。两个名称指一个实体，叫"重同"。不同的人共同处于一个房间，叫"俱同"（合同）。不同部分在同一个整体之内互相联系，叫"连同"（体同）。不同事物在某一方面有共同性质，叫"同类之同"（类同）。不同事物使用同一名称，叫"同名之同"。不同事物共处同一区域，叫"丘同"。不同事物附属于同一整体，叫"附同"。不同论点都符合实际（是真理），叫"是之同"。不同语句都说事物"是如此"，叫"然之同"。不同支脉有同一根源，叫"同根之同"。不符合实际（是错误）的不同论点，叫"非之异"。说事物"不是如此"的不同语句，叫"不然之异"。事物有其不同的一面，恰恰是因为有其相同的一面。这是在有相同一面基础上的不同一面。有的推论前提肯定，结论也肯定。有的推论前提肯定，结论却否定。有的推论犯转移论题的错误。有的推论犯强词夺理的错误。

昔者之虑也，非今日之虑也。昔者之爱人也，非今之爱人也。爱获之爱人也，生于虑获之利。虑获之利，非虑臧之利也，而爱臧之爱人也，乃爱获之爱人也。去其爱，而天下利，弗能不去也。昔之知穑，非今日之知穑也。贵为天子，其利人不厚于匹夫，非贵也。二子事亲，或遇熟或遇凶，其事亲也相若。藉臧也死，而天下害，吾持养臧也万倍，吾爱臧也不加厚。

译文：过去考虑，不等于现在考虑。过去爱人，不等于现在爱人。爱获的爱人，出于考虑获的利益。考虑获的利益，不等于考虑臧的利益。而爱臧的爱人，跟爱获的爱人是一样的。舍去个人的所爱，而能使天下的人都得到利益，那就不能不舍去。过去知道节俭，不等于现在知道节俭。（一是一非）两个儿子事奉父母，年景有好坏，但他们事奉父母的心是一样的。这不是由于他们的德行有所增加，而是由于外部环境不能改变自己的孝亲之心。假如臧的死会使天下的人都受害，那我们对臧的扶持养活就可以增加一万倍，但我们对臧个人的爱心并没有加厚。

长人之与短人也同，其貌同者也，故同。指之人也与首之人也异，人之体非一貌者也，故异。将剑与挺剑异。"剑"以形貌命者也，其形不一，故异。杨木之木与桃木之木也同。故一人指，非一人也。是一人之指，乃是一人也。方之一面，非方也。方木之面，方木也。

译文： 高个子的人与矮个子的人，在都作为人这一点上是相同的，这是由于他们的状貌性质相同，所以才相同。以指头为代表的人与以头部为代表的人，在用来作代表的部位上是不同的，这是由于人的身体有不同的部位，所以才不同。用于体现将军威仪的大剑与战士用来刺杀的小剑，是不同的，这是由于剑是以形体状貌来命名的，它们的形体状貌不一样，所以才不同。杨木的木头与桃木的木头，在都作为木头这一点上是相同的。所以说一个人的指头，并不是一个人。但这里有一个人的指头，却可以说这里有一个人。方形的一边不等于方形；但方木的一面却可以说是方木。

语经。语经也。三物必具，然后足以生。夫辞以故生，以理长，以类行者也。立辞而不明于其所生，妄也。今人非道无所行，虽有强股肱，而不明于道，其困也，可立而待也。夫辞以类行者也，立辞而不明于其类，则必困矣。

译文："语经"就是说话思考一定要遵守的基本规律。推理论证要"故、理、类"三个方面都具备，然后一个论题才能必然成立。一个论题的成立要有充足的理由，推论的过程要符合道理和有条理，要根据事物的类别来进行。建立一个论题，而不明白它所由以成立的充足理由，那就有可能虚妄不实。所谓"推论的过程要符合道理和有条理"，这犹如我们没有道路无法行走，虽然有强健的肢体，而不明白道路，其困难马上就可以到来。论题要根据事物的类别关系推引出来；建立一个论题，而不明白它由以推引的类别关系，则必然遭遇困难。

故浸淫之辞，其类在鼓栗。圣人也为天下也，其类在于追迷。或寿或卒，其利天下也相若，其类在誉名。一日而百万生，爱不加厚，其类在恶害。爱二世有厚薄，而爱二世相若，其类在蛇纹。爱之相若，择而杀其一人，其类在坑下之鼠。小仁与大仁行厚相若，其类在田。凡兴利，除害也，其类在漏雍。厚亲不称行而顾行，其类在江上井。"不为己"之可学也，其类在猎走。爱人非为誉也，其类在逆旅。爱人之亲，若爱其亲，其类在官苴。兼爱相若，一爱相若，一爱相若，其类在死蛇。

译文：所以诡辩的词句，如果不加以克服，它就会逐渐发生作用，这犹如鼓风冶金，可以使矿石逐渐销熔。圣人为治理天下而殚精竭虑，这犹如父母为追正迷途的儿子而费尽心机。人的生命有长短的不同，但都可以同样为利天下而竭尽心力，这犹如人的生命有长短的不同，但都可以同样有好名声一样。假如臧的死会使天下的人都受害，那我们对臧的扶持养活一天就可以增加一万倍（但我们对臧个人的爱心并没有加厚一万倍），这犹如厌恶会给天下带来害处的事，并必欲除之而后快一样。爱人口多的世代的人与爱人口少的世代的人，爱过去、未来世代的人与当今世代的人，尽管在实际上可能有厚薄的不同，但对他们的爱心却是一样的，这犹如两蛇交互运行，其轨迹融合为一、不辨彼此。提倡普遍地兼爱世上所有的人，这并不妨碍选择一个穷凶极恶的坏人而杀之，这就像消灭一只穴中害鼠，应该毫不留情一样。在小事情上实行仁爱与在大事情上实行仁爱，在给人们所带来的物质利益上可能有所不同，但在德行之厚上却是一样的，这犹如一块小田和一块大田，虽然收获可以有所不同，但都可以尽其地力。凡兴办对人民有利的事，都包含着革除对人民有害的事，这犹如兴办水利，即需革除水害一样。讲仁义厚爱亲属，不能一味地称誉其德行，而要看其行为是否符合仁义的标准，这犹如凿井于江边，不需考虑水源的多寡，而是要考虑是否合用一样。"不为己"的忘我牺牲精神是可以学到的，这犹如竞走的技艺是可以学到的一样。兼爱世人不是为了获取赞誉，这就像办客舍是为了接待客人，而不是为了获取赞誉一样。爱别人的父母与爱自己的父母一样，这犹如对待公事与对待私事一样。提倡平等地兼爱世上所有的人，不能诡辩式地拆成"爱这一部分人平等"，"爱那一部分人平等"，这就像一条活蛇被砍成几段就会变为死蛇一样。

四、《小取》

夫辩者，将以明是非之分，审治乱之纪，明同异之处，察名实之理，处利害，决嫌疑焉：摹略万物之然，论求群言之比。以名举实，以辞抒意，以说出故。以类取，以类予。有诸己不非诸人，无诸己不求诸人。

译文："辩"这门学问的目的，是用来判明真理与谬误的分别，审察治理和混乱的头绪，判明同一与差异的所在，考察概念和实际的原理，权衡处置利益与祸害，洞察决断迷惑和可疑的痕迹：于是能反映概括万事万物的面目与根源，讨论探求各种言论的利弊和得失。用概念摹拟事物的实质，用语句表达思想意念，用推论揭示主张的理由和根据。根据事物的类别来取例证明，根据事物的类别来予以反驳。自己所赞成的论点不能反对别人赞成，自己所不赞成的论点不能要求别人赞成。

"或"也者不尽也。"假"者今不然也。"效"者为之法也，所效者所以为之法也，故中效则是也，不中效则非也，此"效"也。"譬"也者举他物而以明之也。"侔"也者比辞而俱行也。"援"也者曰："子然，我奚独不可以然也？""推"也者，以其所不取之，同于其所取者，予之也。"是犹谓"也者，同也。"吾岂谓"也者，异也。

译文： "或"是表示一类事物中仅有一部分是如此，即并非全部都是如此。"假"是表示思想上的假定，并非表示现实就是如此。"效"是提供标准的辩论形式和法则。所"效"是被提供的标准辩论形式和法则。所以合乎这些标准辩论形式和法则的是正确的。不合乎这些标准辩论形式和法则的是不正确的。这就是"效"。"譬"是列举其他事物来说明这一事物。"侔"是比较同类的词句来说明它们都是行得通的。"援"是说："你可以这样，我为什么偏偏不可以这样呢？""推"是我摆出一个证明给对方来反驳他，我这个证明是说明，对方所不赞成的与对方所赞成的本为同类。"是犹谓"（这就好比说）的说法，是用来表示前后两种议论的同类的。"吾岂谓"（我难道说）的说法，是用来表示前后两种议论的不同类的。

夫物有以同，而不率遂同。辞之"侔"也，有所至而正。其然也，有所以然也；其然也同，其所以然不必同。其取之也，有所以取之．其取之也同，其所以取之不必同。是故"譬""侔""援""推"之辞，行而异，转而诡，远而失，流而离本，则不可不审也，不可常用也。故言多方、殊类、异故，则不可偏观也。

译文：事物有相同之处，并不因此就完全相同。词句的同类比较（侔），在一定范围内是正确的。事物的现象或结果有其所以形成的原因。其现象或结果相同，其所以形成的原因不一定相同。赞成某一论点，有其所以赞成的理由。双方都赞成某一论点，他们所以赞成的理由不一定相同。所以，"譬""侔""援""推"的词句，无类比附会混淆差异，辗转列举会发生诡辩，生拉硬扯会失去本义，牵强推论会离开根据，于是就不能不慎重，也不能到处搬用。所以对言论的多方面的道理、特殊的类别和不同的缘故，就不能片面观察。

夫物或乃"是而然",或"是而不然",或"不是而然",或"一周而一不周",或"一是而一非"也。

译文：对事物的推论有如下不同的情况，有的是"是而然"（前提肯定，结论也肯定），有的是"是而不然"（前提肯定，而结论否定），有的是"不是而然"（前提否定，而结论肯定），有的是"一周而一不周"（一种说法周遍，而一种说法不周遍），有的是"一是而一非"（一种说法成立，而一种说法不成立）。

白马，马也。乘白马，乘马也。骊马，马也。乘骊马，乘马也。获，人也。爱获，爱人也。臧，人也。爱臧，爱人也。此乃"是而然"者也。

译文：白马是马，乘白马是乘马。骊马是马，乘骊马是乘马。获是人，爱获是爱人。臧是人，爱臧是爱人。这是属于"是而然"（前提肯定，结论肯定）的情况。

获之亲，人也。获事其亲，非"事人"也。其弟，美人也。爱弟，非"爱美人"也。车，木也。乘车，非"乘木"也。船，木也。入船，非"入木"也。盗，人也。多盗，非"多人"也。无盗，非"无人"也。奚以明之？恶多盗，非"恶多人"也。欲无盗，非"欲无人"也。世相与共是之，若若是，则虽"盗，人也。爱盗，非'爱人'

也。不爱盗，非'不爱人'也。杀盗，非'杀人'也"无难矣。此与彼同类，世有彼而不自非也，墨者有此而非之，无他故焉：所谓"内胶外闭"，与"心无空乎内，胶而不解"也。此乃"是而不然"者也。

译文：获的父母是人，获事奉她的父母不能说是"事奉人"（指做别人的奴仆）。她的妹妹是美人，她爱妹妹不能说是"爱美人"（指爱美色）。车是木头做的，乘车不能说是"乘木头"（指乘一根未加工的木头）。船是木头做的，入船不能说是"入木"（指进入木头）。强盗虽然是人，但某地强盗多，不能简单地说"某地人多"；某地没有强盗，也不能简单地说"某地没有人"。怎么知道这一点呢？讨厌某地强盗多，并不是讨厌某地人多；想让某地没有强盗，并不是想让某地没有人。世上的人都赞成这一点。如果是这样的话，那么我们说"强盗虽然是人，爱强盗却不能说是'爱人'，不爱强盗不能说是'不爱人'，杀强盗也不能简单地说是'杀人'（指杀好人，即犯杀人罪）"，就也应该是没有困难的。后者和前者属于同类，世人赞成前者而不自以为不对，墨家的人主张后者却要加以反对，没有其他的原因：这就是所说的"内心胶结，对外封闭，听不进不同意见"，与"心里边没有留下一点空隙，胶结而解不开"的缘故。这是属于"是而不然"（前提肯定，结论否定）的情况。

　　"读书"，非"书"也。"好读书"，"好书"也。"斗鸡"，非"鸡"也。"好斗鸡"，"好鸡"也。"且入井"，非"入井"也。止"且入井"，止"入井"也。"且出门"，非"出门"也。止"且出门"，止"出门"也。若若是："'且夭'，非'夭'也。'寿且夭'，'寿夭'也。'有命'，非'命'也。非'执有命'，'非命'也"无难矣。此与彼同类，世有彼而不自非也，墨者有此而非之，无他故焉：所谓"内胶外闭"，与"心无空乎内，胶而不解"也。此乃"不是而然"者也。

　　译文："读书"不等于"书"，"好读书"却等于"好书"。"斗鸡"不等于"鸡"，"好斗鸡"却等于"好鸡"。"将要入井"不等于"入井"，阻止"将要入井"却等于阻止"入井"。"将要出门"不等于"出门"，阻止"将要出门"却等于阻止"出门"。如果是这样的话，那么我们说"'将要夭折'不等于'夭折'，阻止'将要夭折'却等于阻止'夭折'（即采取措施使'将要夭折'的人有寿，却是真的把'夭折'的人转变为长寿）。儒家主张'有命'论，不等于真的有'命'这东西存在；墨家'非执有命'，却等于'非命'（即墨家反对儒家坚持有命的论点，却等于实实在在地否定'命'的存在）"就也应该是没有困难的。后者和前者是属于同类，世人赞成前者而不自以为不对，墨家的人主张后者却要加以反对，没有其他的原因：这就是所说的"内心胶结，对外封闭，听不进不同意见"，与"心里边没有留下一点空隙，胶结而解不开"的缘故。这是属于"不是而然"（前提否定，结论肯定）的情况。

"爱人"，待周爱人而后谓"爱人"。"不爱人"，不待周不爱人：失周爱，因谓"不爱人"矣。"乘马"，不待周乘马，然后谓"乘马"也：有乘于马，因谓"乘马"矣。逮至"不乘马"，待周不乘马，而后谓"不乘马"。此"一周而一不周"者也。

译文：说"爱人"，必须周遍地爱所有的人才可以说是"爱人"；说"不爱人"，不依赖于周遍地不爱所有的人：没有做到周遍地爱所有的人，因此就可以说是"不爱人"了。说"乘马"，不依赖于周遍地乘过所有的马，才算是"乘马"：至少乘过一匹马，就可以说是"乘马"了。但是说到"不乘马"，依赖于周遍地不乘所有的马，然后才可以说是"不乘马"。这是属于"一周而一不周"（一种说法周遍，一种不周遍）的情况。

居于国，则谓"居国"。有一宅于国，而不谓"有国"。桃之实，桃也。棘之实，非棘也。问人之病，问人也。恶人之病，非恶人也。人之鬼，非人也。兄之鬼，兄也。祭人之鬼，非祭人也。祭兄之鬼，乃祭兄也。之马之目眇，则谓"之马眇"。之马之目大，而不谓"之马大"。之牛之毛黄，则谓"之牛黄"。之牛之毛众，而不谓"之牛众"。一马马也，二马马也，"马四足"者，一马而四足也，非两马而四足也。"马或白"者，二马而或白也，非一马而或白。此乃"一是而一非"者也。

译文：居住在某一国内，可以简称为"居国"；有一住宅在某一国内，却不能简称为"有国"。桃树的果实称为"桃"，棘树的果实却不称为"棘"（称为枣）。探问别人的疾病可以简称为"探问人"，讨厌别人的疾病却不能简称为"讨厌人"。人的鬼魂不等于人，兄的鬼魂在某些特殊情况下可以权且代表兄。祭人的鬼魂不等于祭人，祭兄的鬼魂可以权且说是祭兄。（作者持有鬼论）这个马的眼睛瞎，可以简称为"这马瞎"；这个马的眼睛大，却不能简称为"这马大"。这个牛的毛黄，可以简称为"这牛黄"；这个牛的毛众（指牛毛长得茂密），却不能简称为"这牛众"（牛众是指牛的个数多）。一匹马是马，两匹马是马，说"马四足"，是指一匹马四足，不是指两匹马四足；但是说"马或白"（指有的马是白的），却是在至少有两匹马的情况下才可以这样说，如果在只有一匹马的情况下就不能这样说。这是属于"一是而一非"（一种说法成立，一种不成立）的情况。